AF453929

DES CONDENSEURS

PAR SURFACES.

DES

CONDENSEURS PAR SURFACES

ET

DE L'APPLICATION DES HAUTES PRESSIONS

A LA

NAVIGATION A VAPEUR

PAR

AMÉDÉE SÉBILLOT

INGÉNIEUR

Ancien Élève de l'École centrale des arts et manufactures

———o———

PARIS,

ARTHUS BERTRAND, ÉDITEUR

LIBRAIRIE MARITIME ET SCIENTIFIQUE

21, RUE HAUTEFEUILLE, 21.

—

1863

AVANT-PROPOS.

Cette étude n'est, à proprement parler, que le développement d'un système que j'ai décrit dans plusieurs brevets sur ce sujet : c'est donc, par essence, l'exposé d'idées personnelles sur une question qui a acquis aujourd'hui une importance capitale, et qui a un intérêt d'actualité évident.

J'ai la conviction que le système que je propose, bien qu'en opposition radicale avec les principes encore aujourd'hui généralement suivis, est dans la seule voie possible pour arriver à la solution des difficultés que l'on rencontre dans le perfectionnement de la navigation à vapeur.

La nécessité de la transformation pour laquelle je propose une solution est aujourd'hui bien reconnue, et les moyens de l'opérer avec un plein succès sont recherchés avec ardeur en France, et surtout en Angleterre : en publiant cette étude, mon but a été d'attirer d'une manière plus générale, sur cette question, l'attention des hommes intéressés au progrès de la navigation à vapeur.

Les résultats que j'énonce comme devant être atteints ont besoin d'être discutés et contrôlés par l'expérience ; mais, dans leur appréciation, il importe de ne pas perdre de vue ces deux principes qui permettent de les réaliser et qui dominent toute la question, savoir :

Par la suppression de l'alimentation à l'eau de mer, disparaît la cause essentielle de l'infériorité des machines de mer.

La question dégagée de cette entrave, rien ne s'oppose à la réalisation des conditions les plus favorables à l'emploi de la vapeur, et les résultats obtenus à terre ne peuvent manquer de l'être sur mer.

D'après ces bases, il est inadmissible que le concours des ingénieurs et des constructeurs qui ont pu obtenir des résultats si admirables avec les machines actuelles, dans des conditions éminemment désavantageuses, ne puisse réaliser, dans la voie des hautes pressions, des progrès relativement aussi remarquables.

Mon but aura été rempli si j'ai pu contribuer à définir les éléments de la question et hâter le progrès, aujourd'hui si nécessaire au développement et à l'avenir de l'une des plus belles applications de la vapeur.

A. Sébillot.

CHAPITRE PREMIER.

NÉCESSITÉ DES HAUTES PRESSIONS POUR LA NAVIGATION A VAPEUR.

Importance de l'économie du combustible dans les machines marines.

Aujourd'hui, plus que jamais, on se préoccupe de la question du combustible dans les machines de mer. Les conditions nouvelles de dimensions et de vitesse dans lesquelles sont établis les bâtiments à vapeur, surtout pour la marine militaire, sont difficilement conciliables avec la consommation à laquelle on est conduit, même avec les types les plus parfaits à basse ou à moyenne pression encore aujourd'hui généralement en usage.

Jusqu'à ces dernières années, les recherches se sont portées uniquement vers le perfectionnement de ces derniers types, et on a préféré prudemment rester dans la voie connue plutôt que de tenter des innovations.

État de la question. — Mais aujourd'hui la question a changé de face : dans la voie où sont restés les appareils à vapeur de navigation, il n'y a pas à espérer de réaliser de progrès sensibles; toute la perfection qu'il était possible d'atteindre a été obtenue, et ce serait en vain que l'on chercherait à restreindre d'une manière importante la consommation du combustible.

Et pourtant, la nécessité de la réduire dans une forte proportion est incontestable; il suffit, pour la démontrer, de rappeler les difficultés que l'on éprouve dans les bâtiments de guerre à grande vitesse pour emmagasiner, en dehors de l'armement, le charbon nécessaire pour quelques jours de chauffe.

.. La perfection même, à laquelle est arrivée la construction des machines marines actuelles, montre toute l'inefficacité des perfectionnements mécaniques les plus ingénieux pour obtenir le résultat cherché; ce n'est plus à des perfectionnements de détail, c'est à une question de principe qu'il faut s'attaquer.

Il faut, à tout prix, abandonner les basses ou moyennes pressions, et arriver à adopter d'une manière générale les hautes pressions. Telle est, d'ailleurs, la tendance actuelle : de nombreuses tentatives ont été faites et se font encore dans ce but en France et en Angleterre; là, surtout, l'adoption des hautes pressions par la condensation tubulaire tend à se généraliser, et les résultats obtenus montrent que la transformation des machines de mer n'est plus qu'une question de temps : elle peut être opérée en donnant tous les avantages qu'on en attend; elle répond à un besoin urgent; elle est donc inévitable.

Tel est, au point de vue général, l'état de la question. La solution n'en peut plus être retardée; ce qu'il reste à résoudre, ce sont des questions d'application dont quelques-unes ont une importance capitale, importance telle qu'elle a empêché jusqu'ici l'adoption définitive des condenseurs tubulaires et des machines à haute pression qui en sont la conséquence.

Étude préliminaire.

Avant d'examiner ces questions, il importe de démontrer clairement l'importance du problème à résoudre, et d'en énoncer nettement les conditions essentielles.

Nous croyons utile d'entrer à ce sujet dans quelques détails préliminaires, attendu que l'opportunité de l'adoption des hautes pressions, même en admettant des condenseurs tubulaires irréprochables, est encore contestée par des autorités recommandables.

Consommation exagérée des machines actuelles à basse et à moyenne pression. — Les notions théoriques, bien établies aujourd'hui, sur le travail de la vapeur, permettent d'apprécier combien les machines marines sont encore éloignées de la limite des progrès possibles. Ces notions théoriques, qu'il est inutile de rappeler ici, sont pleinement confirmées par les résultats obtenus expérimentalement.

Comparaison avec les machines à haute pression employées à terre. — Si l'on compare, en effet, les résultats obtenus à terre avec les meilleurs types de machines, à ceux obtenus avec les machines les plus parfaites employées sur mer, on est étonné de l'infériorité de ces dernières au point de vue de la consommation de combustible.

Le relevé des essais faits sur un grand nombre de puissantes

machines de navigation indique une consommation de 1ᵏ,70
à 2ᵏ,50 de charbon par heure et par cheval de 75 km. sur les
pistons ; en comptant sur un rendement moyen de 66 p. 100,
la consommation varie de 2ᵏ,50 à 3ᵏ,50 par heure et par cheval
de 75 km. sur l'arbre des machines.

A terre, les machines bien établies ne dépensent que 1ᵏ,50
à 1ᵏ,25 : lorsque leur puissance est considérable, la consommation tombe à 1 kilog. et au-dessous par heure et par cheval
de 75 km. sur l'arbre.

De tels résultats ont été obtenus avec les machines à condensation et à longue détente de Farcot, que l'on peut considérer
comme le type le plus parfait de machines à haute pression.

Les machines Woolf, de grande puissance, ne consomment
que 1ᵏ,25, et des résultats analogues ont été obtenus avec les
machines de divers constructeurs.

On peut donc admettre que la consommation des machines
marines est au moins double et souvent triple de ce qu'elle
pourrait être, si on pouvait les placer dans des conditions identiques à celles que l'on rencontre à terre.

Il faut remarquer que, dans cette comparaison, tout est à
l'avantage des machines marines. Construites avec des soins
minutieux, un personnel de choix est chargé de leur direction
et de leur entretien ; en outre, la qualité du charbon est rigoureusement éprouvée, et la puissance de ces machines est généralement de beaucoup supérieure à celle des machines usitées
dans l'industrie.

Si, avec de tels éléments, les chiffres de leur consommation
restent aussi élevés, c'est évidemment qu'il existe, en dehors de
toute question d'application, une cause essentielle en présence
de laquelle les ressources de la mécanique et le perfectionnement des types restent complétement inefficaces.

Cette cause bien connue réside essentiellement dans l'alimentation des chaudières avec l'eau de mer : c'est là la cause de l'infériorité que nous venons de constater, et la source des seules difficultés qu'il soit impossible de vaincre, tant que la cause elle-même n'aura pas été supprimée.

Si elle n'existait pas, il serait toujours facile, comme nous le verrons, d'adopter des types analogues à ceux qui ont donné à terre les meilleurs résultats, et, partant, il serait impossible d'admettre que la consommation des fortes machines de mer dût atteindre 1 kilog. par heure et par cheval de 75 km. sur l'arbre.

Quand on voit les résultats relativement si admirables auxquels a été amenée la machine actuelle, que ne doit-on pas attendre des machines à haute pression, lorsque la question sera dégagée de toute entrave?

Proscrire l'eau de mer de l'alimentation des générateurs, c'est donc supprimer la principale, et on peut dire la seule cause d'infériorité des machines de mer; c'est donc vers ce but que doivent tendre tous les efforts.

Conséquences de l'alimentation à l'eau de mer.

Les conséquences de l'alimentation à l'eau de mer sont multiples et réagissent de la manière la plus fâcheuse sur tous les éléments constitutifs du navire, et sur ses conditions de marche et d'entretien.

Ces conséquences seront développées ultérieurement; examinons d'abord les effets immédiats de l'emploi de l'eau salée.

En premier lieu, il est impossible d'élever, sans danger, la pression, et l'on ne peut obtenir un degré suffisant de sécurité qu'en employant des pressions modérées.

Sans vouloir appuyer sur des faits trop connus, il en est qu'il est nécessaire de rappeler pour montrer bien clairement les effets de l'eau de mer, et pour pouvoir insister avec plus de force sur la nécessité d'y renoncer.

Impossibilité d'employer la haute pression. — L'impossibilité d'élever la pression dans les chaudières marines est due à la forte proportion de sels que l'eau de mer tient en dissolution et à la nature de ces sels.

La composition moyenne de l'eau de mer est, d'après M. Payen :

Eau.		96.470
Chlorure de sodium.	2.700	
— de potassium.	0.020	
— de magnésium.	0.360	
Sulfate de chaux.	0.140	
— de magnésie.	0.240	3.530
— de potasse.	0.005	
Carbonate de chaux / — de magnésie	0.004	
Brômures, iodures, matières organiques.	0.011	
Huiles essentielles, acide carbonique.	0.05	
		100.000

Cette composition indique une faible proportion de carbonates, mais en revanche une proportion considérable de sulfates de chaux et de magnésie.

Ce sont, en effet, ces deux derniers sels qui forment, dans les chaudières marines, des incrustations dures adhérant fortement au métal.

A basse pression, avec des extractions convenablement dirigées, on peut empêcher ces incrustations de se former d'une manière nuisible à la sécurité : dans ces derniers temps, on a pu, en employant avec intelligence la méthode des extractions continues, adopter des pressions de 2 atm. 50 et 2 atm. 75 : si on ne peut empêcher les incrustations de se former, on les empêche au moins d'acquérir une épaisseur dangereuse.

Efficace dans ces limites, la méthode des extractions continues cesse complétement de l'être dans les chaudières à haute pression.

A mesure que la pression augmente, la solubilité du sulfate de chaux décroît rapidement, et, pour peu qu'on dépasse 2 atm. 50 ou 2 atm. 75, l'eau ne peut plus tenir en dissolution qu'une minime quantité, et les extractions continues les plus abondantes ne peuvent plus s'opposer à la formation des dépôts.

Le tableau suivant, extrait d'un mémoire de M. Cousté sur les incrustations (1), montre avec quelle rapidité décroît la solubilité du sulfate de chaux.

DEGRÉS de l'aréomètre correspondant à la saturation.	TEMPÉRATURE.	PRESSIONS en atmosphères.	PROPORTIONS de sulfate de chaux sur 100 à saturation ou solubilité.
12.5	103.00	1.0	0.500
12	103.80	»	0.477
11	105.15	»	0.432
10	108	»	0.395
9	111	»	0.355
8	113.10	»	0.310
7	115.80	1.1/2	0.267
6	118.50	»	0.226
5	121.20	»	0.183
4	124.10	2.0	0.140
3	127.60	»	0.097
2	130	2 1/2	0.060
1	133.30	»	0.023

Entre 140 et 150°, il devient complétement insoluble.

(1) *Annales des mines*, 1854.

D'autre part, la solubilité du sel marin diminue également avec la température, et, quand on veut atteindre des pressions de 4 ou 5 atm., il devient impossible d'empêcher la formation d'abondants dépôts adhérents, et même la cristallisation en masse du sel marin.

Ces faits ont été vérifiés dans toutes les tentatives que l'on a faites pour employer les hautes pressions avec des chaudières alimentées à l'eau de mer.

L'exemple le plus frappant a été fourni par les canonnières construites en 1854. La pression ayant été portée à 5 atm., on a vu, au bout de très-peu de temps, les tubes se recouvrir de dépôts et même se souder entre eux au point de faire une seule masse; les tubes se sont tordus par l'effet de la chaleur, les joints ont cédé et les chaudières ont été promptement mises hors de service.

Les mêmes faits se sont produits toutes les fois que l'on a voulu aborder les hautes pressions, et l'on considère 2 atm. comme la pression la plus élevée que l'on puisse soutenir, sans danger, en marche continue.

Si l'on admet fréquemment pour les chaudières le timbre de 2 atm. 75, il est rare que la pression soit poussée à cette limite; et c'est avec raison, car, dans les limites étroites où l'on se trouve circonscrit, le peu que l'on gagne en travail ne compense pas ce que l'on perd en sécurité.

On se trouve donc fatalement en présence de ce fait singulier, que la navigation à vapeur, où l'emploi de la haute pression serait le plus nécessaire, est précisément la seule application où les pressions peu élevées soient encore en usage.

Dès lors, il est impossible de faire de la détente un usage assez étendu pour qu'on puisse en retirer tout l'avantage possible : en premier lieu, en raison du faible excès de la pression motrice sur la pression résistante, on arrive bien rapidement à une limite où les résistances passives, relativement considérables dans les machines actuelles, absorberaient la presque totalité du travail produit par la détente ; en second lieu, les dimensions de ces machines sont déjà tellement considérables qu'elles deviendraient rapidement inadmissibles, si on voulait admettre des détentes prolongées. Aussi a-t-on avec raison contesté l'avantage de la détente poussée au delà de la moitié de la course des pistons.

Cet état de choses ne peut être modifié que par l'adoption des très-hautes pressions, qui seules permettent de faire usage de détentes prolongées avec des appareils d'un poids et d'un volume restreints.

Mauvaise utilisation de la vapeur. — L'alimentation à l'eau de mer s'oppose d'une manière absolue à la réalisation de cette condition essentielle du progrès; elle a donc pour première conséquence une mauvaise utilisation de la vapeur.

Influence de l'eau de mer sur la production de la vapeur. — L'emploi de l'eau de mer n'est pas moins nuisible à l'appareil évaporatoire, et n'influe pas d'une manière moins fâcheuse sur la production de la vapeur.

Et d'abord, comme la vapeur produite est mal utilisée, il en faut un plus grand poids pour produire le même effet dynamique; l'espace dont on peut disposer dans un navire pour l'emplacement des chaudières étant limité, on ne peut développer les surfaces de chauffe autant qu'il serait nécessaire pour produire économiquement toute la vapeur dépensée par la machine.

La production des chaudières marines s'élève à 20, 25 et 30 kilog. de vapeur par heure et par mètre carré de surface de chauffe. Pour arriver à une production aussi considérable, il faut un tirage énergique ; il faut conserver aux surfaces de chauffe les plus éloignées du foyer une grande puissance de production, et, par suite, laisser échapper les gaz dans l'atmosphère à une haute température.

Toutefois, avec les chaudières tubulaires usitées dans la marine, on peut encore obtenir, quand elles sont en parfait état, 6 et quelquefois 7 kilog. de vapeur par kilog. de houille ; mais, après quelques jours de chauffe, les incrustations, que l'on ne peut jamais éviter complétement, viennent réduire dans une forte proportion l'effet utile du combustible.

En même temps la production de la vapeur devient plus difficile ; et, pour soutenir l'allure normale, il faut entretenir un feu violent qui expose à des coups de feu, et même à des explosions dangereuses.

D'après M. Cousté, l'accroissement de consommation pourrait aller jusqu'à 40 p. 100.

Il en résulte, en outre, une rapide destruction des générateurs, tant par le fait des actions chimiques encore mal définies qui se produisent, que par l'effet des dilatations et des contractions violentes auxquelles les chaudières sont alors exposées.

Résumé. — On peut résumer ainsi les inconvénients de l'alimentation à l'eau de mer, au point de vue de l'utilisation de la vapeur et de sa production :

1° Nécessité d'adopter des pressions peu élevées ; par suite, impossibilité d'admettre des détentes prolongées, mauvaise utilisation de la vapeur, appareils lourds et encombrants, même pour la marche à pleine introduction ;

2° Insuffisance des surfaces de chauffe, eu égard au poids de vapeur à produire; mauvaise utilisation du combustible, même avec des appareils en bon état;

3° Incrustation des surfaces de chauffe, accroissement de la consommation du combustible;

4° Destruction rapide des générateurs et chances d'accidents.

En outre, comme dans un navire à vapeur tous les éléments s'enchaînent, il résulte, de ce seul fait de l'emploi de l'eau de mer, d'autres conséquences indirectes.

Si l'on considère un navire à vapeur destiné à effectuer un trajet déterminé avec une vitesse donnée, l'exagération de la dépense de combustible oblige à donner de grandes dimensions au navire; le poids considérable des appareils à pression peu élevée contribue encore à produire ce résultat. Il faut alors proportionner les machines à ces vastes dimensions; et tous ces éléments réagissant les uns sur les autres conduisent, en dernière analyse, à créer de graves difficultés pour concilier les conditions de vitesse, de distance franchissable et de poids utile transporté auxquelles est toujours assujetti un navire en projet.

Nous reviendrons plus loin sur ces considérations; mais ce qui précède suffit pour montrer que les machines actuelles demandent impérieusement une transformation complète.

L'adoption des hautes pressions est incompatible avec l'emploi de l'eau de mer; celle-ci doit donc être proscrite de l'alimentation des chaudières et remplacée par de l'eau distillée.

Nécessité d'adopter les condenseurs tubulaires.

De là, la nécessité d'adopter la condensation par contact, et de substituer d'une manière générale ce procédé à la condensation par injection , jusqu'ici presque universellement adoptée.

Sans doute, les condenseurs par contact ont donné prise à de sérieuses objections. Nous examinerons ces objections, et nous rechercherons les moyens de faire disparaître les inconvénients auxquels elles se rapportent, pour arriver à employer ces appareils avec une entière sécurité. Dès lors, ils permettront de réaliser d'immenses progrès dans les machines marines.

Par l'adoption des pressions élevées et des longues détentes, la machine marine, construite d'ailleurs avec toute la perfection qui est dès à présent atteinte, deviendra la machine économique par excellence.

Là est la clef du progrès et du développement de la navigation à vapeur , et les conséquences en sont incalculables.

CHAPITRE II.

CONDENSEURS TUBULAIRES DE DIVERS SYSTÈMES.

Historique des essais. — *Essais de Watt.* — *Expériences de Hall.* — *Dispositions diverses.* — *Discussion des résultats.* — *Condenseurs Pirson.* — *Résultats obtenus à bord de la* Mouette. Inconvénients généraux des condenseurs tubulaires. Résumé.

Historique des essais.

La condensation par surfaces est, nous l'avons vu, la base de tout progrès important dans les appareils de la navigation.

Avant de rechercher d'après quels principes doivent être établis les appareils destinés à la réaliser, il importe de faire en peu de mots l'historique des tentatives faites jusqu'à ce jour, et de relater les résultats pratiques qu'on a pu obtenir.

Essais de Watt. — L'idée première de la condensation par surfaces remonte à l'origine même des machines à vapeur ; dès l'installation de ses premiers générateurs, Watt reconnut les inconvénients des incrustations, et songea à y remédier en effectuant la condensation par le refroidissement extérieur du condenseur, et à alimenter ainsi ses chaudières avec la même eau distillée provenant de la vapeur condensée.

A cette époque, les appareils tubulaires étaient encore inconnus : Watt ne put disposer de surfaces suffisantes de condensation, et il ne tarda pas à reconnaître l'inefficacité de ce procédé ; il l'abandonna donc pour adopter le mode de condensation par injection, qui seul s'est jusqu'ici généralisé.

Les recherches se portèrent alors vers d'autres moyens pour obvier aux inconvénients des incrustations ; on imagina une foule de procédés, les uns mécaniques, les autres physiques ou chimiques, et ces différents moyens, combinés avec des nettoyages suffisamment rapprochés, permirent d'obtenir un degré de sécurité suffisant pour la pratique.

Les résultats ainsi obtenus rendirent la condensation par surfaces moins nécessaire, et détournèrent, peut-être à tort, les recherches de ce moyen radical, auquel Watt avait songé tout d'abord.

La question prit toutefois un nouveau degré d'importance, quand on commença à appliquer la vapeur à la navigation maritime, et l'on revint à l'idée de la condensation extérieure.

Expériences de Hall. — Les essais les plus connus, ceux qui donnèrent les premiers résultats pratiques, remontent à l'année 1834. A cette epoque, l'invention récente des appareils tubulaires vint faciliter les recherches, et M. Hall, ingénieur anglais, songea le premier à appliquer ce système à la condensation par surfaces.

Son appareil, bien connu, a servi de type à presque tous ceux qui ont été imaginés depuis.

Il consistait en un récipient divisé en trois parties par deux plaques tubulaires. Ces plaques comprenaient entre elles une série de tubes en cuivre, de petit diamètre et de faible épaisseur, dans lesquels on faisait arriver la vapeur; celle-ci pénétrait dans la capacité supérieure, se répandait dans l'intérieur des tubes où s'effectuait la condensation, et l'eau condensée retombait dans la capacité inférieure, d'où la pompe à air la refoulait dans la chaudière. Autour des tubes on faisait circuler un courant d'eau froide; celle-ci pénétrait par la partie inférieure du corps tubulaire, et, après s'être échauffée au contact des tubes, s'échappait par un tuyau placé à la partie supérieure.

Cette eau, constamment renouvelée, était mise en circulation par une pompe spéciale.

Hall reconnut, par expérience, qu'il fallait employer une surface de $0^{mo},0516$ par kilog. de vapeur à condenser à l'heure.

Appliquée aux machines à basse pression, et en supposant, ce qui a été longtemps pris pour base dans la marine, une dépense de 30 kilog. de vapeur par cheval nominal, la surface tubulaire était de $1^{mo},548$, c'est-à-dire sensiblement égale à la surface de chauffe des chaudières.

Cet appareil nécessite, comme on le voit, des surfaces étendues, et on conçoit que, malgré ses avantages, on ait reculé devant l'accroissement de poids et d'encombrement qu'il entraîne.

Aussi cet appareil, appliqué, à son origine, sur un grand nombre de bateaux à vapeur en Angleterre, a été presque partout abandonné, moins toutefois à cause de la complication qui en résultait pour les machines, que par suite des difficultés d'application qui ne tardèrent pas à se manifester dans la pratique.

Dispositions diverses. — Depuis Hall, plusieurs dispositions

furent imaginées pour diminuer l'encombrement des condenseurs tubulaires ; telle est la disposition des tubes en forme de
trèfle adoptée par M. Beslay en France.

On a aussi, dans le même but, donné aux tubes une section
elliptique.

Enfin, dans le condenseur de M. Belleville, appliqué con-
curremment avec ses générateurs à vaporisation instantanée
sur le bateau à vapeur *la Biche*, la surface tubulaire a été
accrue, pour un volume donné, en employant deux séries de
tubes concentriques. Dans ce système, la vapeur circule dans
l'espace annulaire formé par les deux séries de tubes ; elle se
refroidit contre la surface interne des grands tubes et contre la
surface externe des petits, tandis que l'eau circule sur les faces
opposées.

Toutes ces dispositions n'ont d'autre effet que de diminuer
le volume des appareils : le mode d'action de l'eau reste le
même, et il faut toujours sensiblement la même surface et le
même poids que dans l'appareil primitif de Hall.

Discussion des résultats. — La complication que l'on reproche à ce système tient à deux causes essentielles, contre
lesquelles toutes les dispositions que l'on a imaginées sont
restées complétement inefficaces.

Ces deux causes résident dans la faible conductibilité de
l'eau, conductibilité tellement faible qu'on peut la considérer
comme nulle, et l'extrême rapidité avec laquelle doit s'effectuer la condensation de la vapeur.

Dans l'appareil de Hall, quelle que soit la vitesse imprimée
au courant d'eau froide, on peut regarder celle-ci comme sta-
gnante, eu égard à la rapidité avec laquelle doit se condenser
la vapeur ; par suite, la vapeur qui arrive en premier lieu

échauffe rapidement le métal des tubes et une couche mince de l'eau qui les enveloppe ; la chaleur ne peut pénétrer instantanément dans la masse du liquide, et la vapeur qui afflue après ce premier instant trouve des parois échauffées ; la condensation est considérablement retardée et ne s'effectue qu'imparfaitement.

Pour arriver à une condensation suffisamment rapide, il faut donc multiplier la surface des tubes, et il est même rationnel d'admettre que le métal même dont ils sont formés, refroidi dans l'intervalle de deux coups de piston, agit seul efficacement pour produire l'instantanéité de la condensation.

Le défaut de conductibilité de l'eau ne permet même pas d'arriver à l'instantanéité, car il s'oppose à ce que la chaleur communiquée par la vapeur au métal soit complétement absorbée dans l'intervalle des deux coups de piston.

Aussi, malgré l'étendue des surfaces, n'a-t-on pu jamais obtenir avec l'appareil de Hall un vide aussi parfait qu'avec les condenseurs ordinaires.

Condenseur Pirson. — On a obtenu de meilleurs résultats avec l'appareil de Pirson, constructeur américain, et ils doivent être attribués aux dispositions prises pour remédier au défaut de conductibilité de l'eau. Cet appareil est formé, comme celui de Hall, d'un faisceau de tubes très-petits et minces, pris entre deux plaques tubulaires ; ils sont disposés horizontalement.

La vapeur se condense à l'intérieur des tubes, et l'eau refroidissante agit à l'extérieur ; seulement, au lieu d'être mise en circulation par une pompe, elle tombe sous forme de pluie sur la surface des tubes.

L'eau est ainsi répartie plus ou moins régulièrement sur la

surface des tubes, et l'agitation qu'elle subit remédie partiellement à son défaut de conductibilité.

La chambre à eau, et c'est là un des points caractéristiques du système, est mise en communication avec la chambre à vapeur par de petits orifices qui ont pour but de maintenir l'égalité de la pression dans ces deux capacités, et de permettre de réduire l'épaisseur des tubes à son minimum.

Les résultats obtenus avec cet appareil ont été beaucoup meilleurs qu'avec celui de Hall, quoique avec une surface beaucoup plus faible.

Résultats obtenus à bord de la Mouette. — Un appareil de ce système a été installé à bord de la *Mouette* ; la surface tubulaire était de 124^{mc} pour une puissance nominale de 192 chevaux, soit environ $0^{mc},714$ par cheval ; avec cette surface, qui est moitié de celle nécessaire dans l'appareil de Hall, on a pu obtenir un vide de 58 à 59 centimètres de mercure : c'est un vide moins parfait qu'avec les condenseurs ordinaires, mais beaucoup meilleur que celui obtenu avec les appareils usités jusqu'alors.

Tels sont les deux types de condenseurs tubulaires jusqu'ici employés : l'un le système Hall avec ses variétés nombreuses, fondé sur la circulation de l'eau refroidissante, soit à l'intérieur, soit à l'extérieur des tubes ; l'autre le système Pirson, fondé sur sa dispersion sous forme de pluie.

Tous les appareils employés, notamment en Angleterre, où les condenseurs tubulaires sont nombreux, rentrent dans l'un ou l'autre de ces deux systèmes, et les modifications ne portent que sur la disposition des joints.

Chacun de ces systèmes a fourni, dans les expériences auxquelles ils ont donné lieu, des résultats parfaitement admissibles en pratique, le premier avec d'énormes surfaces refroidissantes, le second avec des surfaces plus réduites ; mais, en marche ordinaire, chacun d'eux n'a pas tardé à présenter de graves inconvénients qui ont, jusqu'ici, empêché leur usage de devenir général.

Inconvénients généraux des condenseurs tubulaires.

Le principal inconvénient provient de la prompte et graduelle altération des surfaces.

Cette altération est due à deux causes. En premier lieu, les graisses ou les huiles entraînées avec la vapeur viennent s'attacher à la surface des tubes, et forment, au bout de fort peu de temps, des couches non conductrices qui nuisent à la transmission rapide de la chaleur.

En second lieu, la moindre élévation de la température détermine, sur les surfaces en contact avec l'eau, des dépôts calcaires qui se forment lentement, il est vrai, mais qui, sous une faible épaisseur, suffisent pour empêcher le vide de s'opérer.

Ce dernier effet se produit surtout dans les condenseurs américains, où la chambre à eau est à la même pression que le condenseur, et dans lesquels le dégagement de l'acide carbonique amène le dépôt des carbonates en dissolution dans l'eau de mer.

Quelque faibles que soient ces dépôts, leur influence est considérable : la condensation par contact est fondée sur l'emploi de surfaces conduisant parfaitement la chaleur ; il faut que la transmission de la chaleur soit assez parfaite pour qu'il s'écoule, pour ainsi dire instantanément, d'une surface à l'autre des surfaces condensantes et pour une faible différence de température, une quantité de chaleur considérable.

On conçoit, dès lors, que le moindre obstacle, qui, dans une chaudière, ne serait pas suffisant pour influer sur la production de la vapeur, exerce dans les condenseurs à surfaces une action considérable sur la condensation.

Les deux faits précités forment donc, en définitive, la partie délicate de ces appareils et ont, par-dessus tout, contribué à les faire, presque partout, abandonner.

Les surfaces considérables que le défaut de conductibilité de l'eau conduit à employer ne suffisent plus quand les surfaces cessent d'être parfaitement nettes. Quelque considérables qu'elles soient, l'alimentation à l'eau distillée est tellement avantageuse et tellement nécessaire, que la complication qui en résulte pour les machines ne formerait pas un obstacle devant lequel on dût s'arrêter ; la prompte mise hors de service de ces appareils, par les causes que nous venons d'indiquer, est une difficulté beaucoup plus sérieuse, et la cause principale de l'abandon presque universel de la condensation par surfaces.

Toutefois les résultats momentanément obtenus avec les condenseurs tubulaires, partout où ils ont été essayés, démontrent, tout incomplets qu'ils sont, que ce système peut donner de bons résultats sur mer : ceux surtout, qui ont été constatés avec l'appareil Pirson montrent que l'on peut arriver à un vide presque aussi parfait qu'avec les condenseurs ordinaires, et qu'on peut, par une bonne et rationnelle application des principes de la transmission de la chaleur, réduire dans une forte proportion l'étendue des surfaces de condensation.

Les obstacles qui viennent d'être signalés ne sont pas les seuls contre lesquels on ait à lutter pour constituer un système irréprochable de condenseur tubulaire.

Et en effet, les matières grasses entraînées avec la vapeur n'ont pas seulement l'inconvénient de recouvrir les surfaces de condensation et de les rendre impropres à la transmission de la chaleur; elles se concentrent dans les chaudières, se décomposent partiellement, et forment à la surface du liquide une couche noire et infecte, qui gêne l'ébullition, s'attache aux surfaces de chauffe, et vient salir les organes de la machine.

Le condenseur tubulaire reçoit lui-même le contre-coup de cette accumulation de matières grasses, car la vapeur qui se forme dans les chaudières en entraîne déjà une certaine quantité, qui s'ajoute à celle dont elle se charge en passant par les organes de la machine, et vient en accélérer le dépôt sur les surfaces de condensation.

Le renvoi direct de l'eau condensée à la chaudière produit un autre résultat; la pompe à air y renvoie, en même temps que cette eau, l'air aspiré du condenseur; mais, comme elle refoule aussi à la chaudière l'air qui afflue constamment par les fuites du condenseur et des vases en communication avec lui, cet air se concentre dans les chaudières et y acquiert une tension qui est extrêmement nuisible à la perfection du vide et à la rapidité de la condensation.

Au point de vue de l'exécution, la multiplicité des tubes rend la construction des condenseurs tubulaires assez délicate.

Dans les appareils à tubes rivés, il n'y a pas à craindre de rentrées d'air, mais le nettoyage est impossible; en outre, ces tubes minces, pris entre deux plaques tubulaires, travaillent beaucoup par l'effet de la dilatation : pour peu que le condenseur s'échauffe, les tubes se tordent, et avec quelque soin que les joints aient été faits, il se produit des déchirures et des fuites : cet effet s'est produit fréquemment dans les condenseurs des canonnières.

Si on veut employer des tubes à garnitures, afin de pouvoir les démonter et remédier à l'inconvénient de la dilatation, comme ces garnitures se comptent par milliers, il est difficile d'empêcher les rentrées d'air très-nuisibles à la condensation, ou les rentrées d'eau salée qui vient incruster les chaudières.

Dans ce dernier ordre d'idées, on a essayé, dans ces dernières années, de faire les joints en caoutchouc, soit en plaques, soit en rondelles adaptées à chaque tube isolément. Cette disposition est adoptée dans la plupart des appareils construits en Angleterre, et notamment dans ceux qui ont paru à la dernière exposition universelle de Londres.

Mais on conçoit à quelles sujétions on est conduit, quand il faut démonter ainsi des milliers de tubes, les nettoyer et faire les joints avec assez de soin pour les rendre hermétiques.

Résumé.

Telles sont les principales difficultés que l'on a rencontrées dans l'établissement des condenseurs à surfaces; elles se résument ainsi :

1° Défaut de conductibilité de l'eau et, comme conséquences, immenses surfaces refroidissantes, et vide plus ou moins imparfait;

2° Altération des surfaces de condensation, du côté de la vapeur par les matières grasses qu'elle entraîne avec elle; du côté de l'eau, par les dépôts salins qui s'y forment;

3° Concentration, dans la chaudière, des matières grasses entraînées avec la vapeur et, comme résultat, ébullition difficile, dépôts gras sur les surfaces de chauffe, entraînement de ces matières partiellement décomposées dans les organes des machines, accélération des dépôts sur les condenseurs;

4° Accumulation de l'air dans les générateurs par l'alimentation directe avec la pompe à air; accroissement de la pression au condenseur et retard dans la condensation;

5° Pertes de vapeur quelquefois importantes pendant la marche ou les stoppages prolongés;

6° Difficulté d'obtenir des joints faciles à démonter et en même temps étanches : les tubes rivés rendent le nettoyage impossible et donnent des fuites, les tubes à garnitures amovibles exposent également à des fuites et donnent lieu à un nettoyage très-long en raison de leur multiplicité.

Dès lors, on ne peut être étonné de voir, en France principalement, les ingénieurs et constructeurs de machines marines conserver les anciens types et procéder avec une extrême prudence dans l'adoption, même à titre d'essai, d'appareils d'un système qui a jusqu'ici rencontré de telles difficultés d'application; toutefois les résultats obtenus en Angleterre principalement, où les condenseurs tubulaires tendent à se propager, malgré les inconvénients que présentent les systèmes adoptés, permettent d'affirmer que les condenseurs tubulaires peuvent, moyennant certaines conditions, être appliqués avec le même succès que les condenseurs ordinaires.

CHAPITRE III.

DES MOYENS
DE RENDRE PRATIQUE LA CONDENSATION
PAR SURFACES.

Conditions à remplir dans un condenseur tubulaire.

L'examen des difficultés qui se sont présentées dans l'établissement des condenseurs à surfaces permet de définir les conditions auxquelles ils doivent satisfaire pour devenir d'un emploi pratique et offrir une sécurité de marche absolue.

La première condition à remplir est de suppléer au défaut de conductibilité de l'eau.

Importance de l'agitation de l'eau. — La simple notion de cette propriété de l'eau indique qu'elle ne peut opérer un refroidissement rapide que si elle est vivement agitée.

Les expériences de M. Péclet mettent en relief toute l'importance de cette agitation.

M. Péclet, dans ses expériences sur la transmission de la chaleur, reconnut que, pour des surfaces métalliques chauffées d'un côté par l'eau ou la vapeur, et refroidies de l'autre par l'eau, l'influence de l'épaisseur des plaques disparaissait quand on ne renouvelait pas suffisamment l'eau en contact avec leurs faces, mais qu'elle apparaissait quand l'eau était vivement agitée : sous une même épaisseur, dans le premier cas, la quantité de chaleur transmise était très-faible, d'autant plus que le renouvellement était plus lent; avec une agitation suffisamment rapide, au contraire, cette quantité devenait considérable.

M. Péclet reconnut directement qu'avec un renouvellement rapide de l'eau il passait par heure, à travers une plaque de plomb de 0^m,001 d'épaisseur, 3 calories, 81 par mètre carré, pour une différence de température de 1 degré.

Pour le cuivre, métal ordinairement employé dans les condenseurs tubulaires, cette quantité s'élèverait à 19 calories, 16.

D'autres expérimentateurs sont arrivés à des résultats différents, mais qui confirment le principe déduit des expériences de M. Péclet.

Dans des expériences sur une grande échelle, MM. Thomas et Laurens ont condensé, par heure et par mètre carré, 400 kilog. de vapeur pour une différence de température de 45°, ce qui fait 1 calorie, 36 par seconde et pour une différence de température de 1°.

D'autre part, d'après Clément, une plaque de cuivre de 1 mètre carré de surface et de 2 à 3 millimètres d'épaisseur, dont une face est chauffée par la vapeur à **100°** et dont l'autre est refroidie par de l'eau à **28°**, condense par heure **100** kilog. de vapeur, ce qui donne seulement **0** calorie, **20** par seconde et par degré de température.

Si l'on rapproche ce dernier chiffre de celui obtenu par MM. Thomas et Laurens, et surtout de ce celui qui résulte des expériences de M. Péclet, on reconnaît qu'il existe des différences énormes, suivant que les fluides sont plus ou moins agités.

Les condenseurs ordinaires du système de Hall sont sensiblement dans la condition des expériences de Clément, tandis que le condenseur Pirson, en raison de l'agitation de l'eau appliquée dans une certaine mesure, se rapproche davantage des conditions des expériences de M. Péclet.

Tous ces faits démontrent que l'on peut, par l'agitation, suppléer au défaut de conductibilité de l'eau, et augmenter considérablement, par une application rationnelle de ce principe, l'effet utile d'une surface refroidissante donnée, ou, ce qui revient au même, obtenir une condensation aussi parfaite avec des surfaces comparativement très-réduites.

Nécessité d'un nettoyage facile. — L'altération des surfaces qui se produit dans tous les condenseurs tubulaires exige impérieusement qu'il soit facile de les visiter et de les nettoyer à fond. On peut dire que cette condition est la plus essentielle à remplir, puisque, sans cela, l'appareil est promptement hors de service.

Dans les condenseurs tubulaires jusqu'ici employés, le nettoyage complet a été impossible, non-seulement en marche, mais même pendant les temps d'arrêt prolongés. Les tubes étant pris entre deux plaques tubulaires, il y a toujours l'une des faces inaccessible.

Dans les condenseurs plus récents à joints en caoutchouc, on peut arriver à nettoyer les tubes en les démontant un à un ; mais ce nettoyage, toujours très-long, puisqu'il s'applique à des milliers de tubes, ne peut se faire que pendant les relâches d'une certaine durée. Il faut, en outre, beaucoup de soin pour rendre les garnitures étanches, et il est impossible de répondre que, sur une aussi grande quantité de garnitures, il n'y en aura pas d'imparfaites, surtout si, ce qui sera inévitable dans beaucoup de services, on est pressé par le temps.

Pour que les moyens de nettoyage soient complétement efficaces et satisfassent à toutes les exigences de la pratique, il faut que les surfaces intérieures et extérieures des tubes soient accessibles par l'enlèvement d'un simple obturateur, et qu'en outre le nombre des tubes ne soit pas trop grand, afin que le nettoyage puisse s'effectuer pendant de courtes relâches, ou même pendant les stoppages un peu prolongés.

Enfin, pour certains services qui demandent, soit de longues traversées, soit une marche continue, il faut pouvoir nettoyer en marche, et enlever ainsi, à mesure qu'ils se forment, les dépôts si nuisibles qui tendent à recouvrir la surface des tubes.

Autres conditions. — Il faut empêcher que les matières grasses entraînées avec la vapeur puissent se concentrer dans les chaudières. A cet effet, il faut éviter d'envoyer directement aux chaudières l'eau provenant de la condensation de la vapeur.

Il faut donc l'entreposer dans un réservoir spécial, où la séparation des huiles puisse se faire d'une manière complète. Ce réservoir, d'une faible capacité, pourra être placé à un endroit quelconque, et ne sera, par suite, d'aucune sujétion. Il n'y aura pas non plus perte de calorique, attendu que l'eau de condensation doit être presque froide, si la condensation s'effectue bien.

Il faut éviter avec le plus grand soin les causes de rentrée d'air.

Non-seulement les rentrées d'air sont une cause d'accroissement du travail des pompes à air et d'imperfection du vide, mais surtout le mélange avec la vapeur d'une quantité d'air, même faible, exerce une très-grande influence sur la rapidité de la condensation.

On a, en effet, constaté, par expérience, que, dans les mêmes circonstances où l'on pouvait condenser 9 kilog. de vapeur purgée d'air, on n'obtenait plus que 1ᵏ,36 quand la vapeur en contenait une petite quantité. C'est qu'en effet l'air empêche le contact immédiat de la vapeur avec les parois refroidissantes, et, en raison de la mauvaise conductibilité, s'oppose au passage de la chaleur.

Il est impossible, dans un condenseur quelconque, d'éviter complétement la présence de l'air ; mais on peut faire en sorte que la quantité qu'il contient soit toujours très-faible. Par l'interposition d'un réservoir entre la bâche du condenseur et la pompe alimentaire , on évitera l'accumulation de l'air dans la chaudière, et il n'entrera au condenseur que le volume qui y pénètre par les fuites ; en second lieu, on peut neutraliser l'influence de l'air en dirigeant la vapeur par des orifices multipliés, qui la projettent avec vitesse sur la surface tubulaire et renouvellent continuellement son contact avec les surfaces refroidissantes.

Il faut éviter les pertes de vapeur qui peuvent se produire par excès de pression, soit en marche, soit pendant les stoppages prolongés.

Ce résultat peut être obtenu, dans une certaine mesure, en donnant aux chaudières un timbre un peu supérieur à celui qui correspond à la marche normale; mais, en outre, le réservoir d'eau distillée, dont la nécessité vient d'être établie, permet d'y faire écouler la vapeur produite en excès, ainsi qu'on le fait dans les tenders de locomotives.

Les joints doivent être établis de manière à offrir toute sécurité contre les rentrées d'air ou d'eau.

On a cherché à remplir cette condition pour les condenseurs des canonnières en rivant les tubes comme dans les chaudières tubulaires; mais il y a toujours à redouter les effets de la dilatation, et cette disposition rend le nettoyage impossible.

Avec les tubes à joints en caoutchouc, il est plus difficile d'obtenir toute sécurité à cet égard, à cause de la multiplicité des tubes, en même temps que cette multiplicité même rend illusoire la faculté de nettoyage qui semble, au premier abord, être inhérente à ce système.

Ce qu'il faut obtenir, c'est une disposition des joints, qui les rende parfaitement étanches, en même temps que les tubes soient faciles à nettoyer.

Si à cela on ajoute un moyen simple de remplacer la quantité d'eau distillée qui se perd par les fuites, on aura rempli toutes les conditions nécessaires pour assurer le succès de la condensation par surfaces.

Description
des appareils basés sur ces principes.

Les appareils dont la description va suivre sont basés sur les principes qui viennent d'être énoncés; leurs dispositions n'offront rien d'absolu, et, tout en conservant ce qu'elles ont d'essentiel, elles peuvent être modifiées suivant les différents cas qui peuvent se présenter.

Nous décrirons successivement deux de ces dispositions, dont chacune peut offrir, suivant la nature des services, des avantages spéciaux.

Type pour navires affectés à un service continu. — Dans la première représentée fig. 1, pl. I, le condenseur se compose d'un vase en fonte A, renfermant un faisceau de tubes *a, a, a*. Ces tubes, au lieu d'être pris entre deux plaques tubulaires, comme dans les condenseurs jusqu'ici employés, sont fermés à l'une de leurs extrémités, et sont pris à l'autre dans une plaque tubulaire unique B.

Ces tubes traversent à frottement une série de trous percés dans la fausse plaque C, qui sert à les supporter et à les empêcher de fléchir par l'effet du porte-à-faux.

La vapeur arrive par la tubulure D entre la plaque B et la fausse plaque C, et pénètre dans le condenseur par une série de tubes *b, b, b* ; ces tubes sont rivés sur la fausse plaque et sont percés, sur toute leur longueur, d'une série de fentes ou de trous d'une section totale suffisante pour que l'écoulement de la vapeur ne soit pas entravé.

La vapeur se répand dans ces tubes qui sont disséminés dans la masse des tubes condenseurs, et jaillit avec vitesse sur leur surface.

L'eau destinée au refroidissement est amenée par le tuyau E dans la boîte F, fermée du côté du condenseur par une plaque tubulaire G ; cette plaque porte une série de petits tubes injecteurs *c, c, c*, qui pénètrent dans l'intérieur de ceux *a, a, a*, et sont percés de petits trous qui disséminent l'eau sous forme de jets sur toute la surface des tubes condenseurs.

La boîte à eau est simplement appliquée contre l'avant du condenseur, sans qu'aucun joint soit nécessaire.

Dans la plupart des cas, et surtout pour les grands navires, le condenseur est toujours assez bas pour que l'eau jaillisse avec une vitesse suffisante : si le tirant d'eau était très-faible, il serait préférable d'élever l'eau dans une bâche à hauteur suffisante, et de placer le condenseur assez haut pour que l'eau s'écoule naturellement du condenseur à la mer.

La vapeur condensée tombe dans la bâche H, d'où elle est reprise par la pompe à air ; l'eau qui a servi à opérer la condensation s'écoule de chaque tube dans la bâche K, d'où elle est refoulée au dehors par une pompe à eau spéciale.

Enfin, pour utiliser l'enveloppe elle-même, elle est faite double et reçoit également une injection d'eau ; celle-ci ruisselle le long des parois et vient se réunir dans la bâche K à l'eau qui a servi à refroidir les tubes.

L'eau distillée, retirée du condenseur, n'est pas renvoyée directement à la chaudière ; elle est refoulée dans un réservoir représenté fig. 2, pl. I, et dans lequel les huiles peuvent se déposer : ce réservoir, de forme quelconque, est divisé en deux parties par une cloison horizontale H, formée d'une tôle percée de trous. Sur cette cloison repose une couche filtrante dont l'élément principal est la laine tontisse, et qui retient les dernières parties d'huile qui ne se seraient pas séparées de l'eau par le repos seul.

La pompe alimentaire aspire par le tuyau O, et renvoie ainsi à la chaudière de l'eau parfaitement pure et limpide.

Enfin, un tuyau I, venant de la chaudière, permet de faire écouler dans le réservoir l'excès de vapeur qui peut se produire, surtout pendant les stoppages prolongés, d'en éviter aussi la déperdition et de réchauffer l'eau d'alimentation.

Les dispositions essentielles et caractéristiques du condenseur que nous venons de décrire sont l'injection de l'eau froide animée d'une grande vitesse sur toute la surface des tubes, et l'emploi de tubes fermés pris à l'une de leurs extrémités seulement dans une plaque tubulaire, formant ainsi un véritable diaphragme.

Si nous rapprochons les conditions qu'il réalise de celles que nous avons reconnues nécessaires pour assurer le succès d'un condenseur tubulaire, il est facile de s'assurer qu'il les remplit parfaitement, et qu'il est exempt de tous les inconvénients qui avaient fait repousser par la pratique les appareils jusqu'ici proposés :

1° Par l'injection de l'eau froide sur toute la surface des tubes, on produit une vive agitation qui supplée au défaut de conductibilité de l'eau : on obtiendra donc une condensation rapide et complète avec une faible surface, et les appareils seront légers et peu encombrants.

2° Par la disposition particulière des tubes, leur surface est entièrement accessible, tant du côté de l'eau que du côté de la vapeur.

Du côté de l'eau, l'agitation même du liquide s'opposera à la formation des dépôts, et il suffira de retirer, à des intervalles éloignés, l'appareil injecteur en démontant la bride de la tubulure **E**, et les quelques boutons d'attache qui fixent la boîte à eau à l'enveloppe du condenseur.

Du côté de la vapeur, il suffit d'enlever le couvercle **L** pour avoir la surface des tubes entièrement à découvert et les nettoyer rapidement sans difficultés.

Dans les navires destinés à des voyages de durée moyenne,

suivis de stationnements peut prolongés, ce nettoyage suffira, et il sera inutile d'effectuer le nettoyage en marche.

Si, au contraire, la nature du service impose une marche continue sans temps d'arrêt suffisants, il sera nécessaire d'opérer le nettoyage en marche.

On peut l'obtenir facilement en divisant le condenseur en deux ou trois corps, pouvant être isolés les uns des autres ; mais ce moyen nécessite un système de robinets et de communications qui ne serait pas sans inconvénient, tant par sa complication que par les chances de fuites qu'il présenterait, et que l'on ne saurait éviter avec trop de soin dans ces sortes d'appareils.

On pourrait, toutefois, se servir de ce moyen dans les machines de faible puissance, où les communications peuvent être établies avec des robinets faciles à manœuvrer ; mais, pour les machines puissantes, il faut avoir recours à d'autres procédés.

Nettoyage mécanique. — Le nettoyage en marche peut être obtenu mécaniquement, au moyen du piston nettoyeur représenté fig. 1, pl. I.

Ce piston est formé d'une plaque en fonte percée de trous qui correspondent aux tubes des condenseurs : ces trous ont leurs parois munies de garnitures en cuir emboati ou en feutre, qui viennent embrasser exactement la surface extérieure des tubes.

Le centre de la plaque forme écrou et est traversé par une tige filetée ayant toute la longueur des tubes.

Cette tige sort à l'extérieur en traversant un stuffing-box hydraulique et se termine par un volant claveté sur elle.

Au moyen de ce volant, on peut faire marcher le piston nettoyeur, soit dans un sens, soit dans l'autre, empêcher ainsi la formation des couches de graisse et maintenir les tubes dans un état de propreté tel, que leur pouvoir de transmission ne soit pas sensiblement diminué.

3° L'interposition du réservoir filtrant entre la pompe à air et la pompe alimentaire permettra de retenir la totalité des huiles et de n'envoyer à la chaudière que de l'eau parfaitement pure.

4° Ce même réservoir servira à prévenir l'accumulation de l'air dans la chaudière et à réduire à son minimum la quantité d'air introduit dans le condenseur.

5° Au moyen de ce réservoir, on évitera toute déperdition de vapeur pendant les stoppages prolongés.

6° Enfin il est aisé de voir que les tubes étant fixés à demeure et l'appareil bien construit, toute cause de fuite ou de rentrée d'air sera évitée; les dilatations ne produiront aucun effet nuisible, et l'appareil fonctionnera indéfiniment dans les mêmes conditions d'absolue sécurité.

Type pour navires affectés à un service intermittent. — Si la nature du service ne rend pas indispensable le nettoyage en marche, il sera préférable d'employer la disposition suivante, qui est d'une installation plus simple que la précédente, et qui, d'ailleurs, basée sur les mêmes principes fondamentaux, réalise sensiblement le même but.

Cette disposition est représentée fig. 3, pl. i. Le condenseur est formé par un faisceau de tubes *a, a, a,* renfermés dans le vase A ; ils sont fermés à l'une de leurs extrémités et pris à l'autre dans la plaque tubulaire C ; ces tubes traversent, en outre, la fausse plaque D.

La vapeur est amenée à l'intérieur des tubes condenseurs par la tubulure E et par le couvercle creux B. Ce couvercle porte, dans sa paroi intérieure, des orifices *c, c, c*, correspondant aux tubes condenseurs, et qui disséminent la vapeur en la projetant par jets rapides sur la surface intérieure de chacun des tubes.

L'eau de condensation arrive, par la tubulure F, dans la boîte à eau G, dont le fond est percé de trous, et se répand en même temps dans l'intervalle compris entre la plaque tubulaire C et la fausse plaque D, sur laquelle sont fixés les tubes injecteurs *b, b, b*; ceux-ci sont disséminés dans la masse des tubes condenseurs, et sont percés de trous ou de fentes sur toute leur longueur.

L'eau jaillit donc à la fois sur les tubes, et par les orifices de la boîte à eau G et par ceux des tubes injecteurs.

Il suit de là que toute la surface tubulaire est utilisée et est refroidie énergiquement : la vapeur condensée s'écoule sur le fond de chacun des tubes condenseurs et vient tomber dans la bâche H; elle y est reprise en I par la pompe à air, qui la renvoie au réservoir d'eau distillée, comme dans l'appareil précédent.

L'eau de condensation tombe, après avoir agi, dans la bâche K, d'où elle est extraite par le tuyau J, au moyen d'une pompe à eau spéciale.

La description qui précède suffit pour montrer que cet appareil réalise les mêmes conditions que le premier, sauf cette différence qu'il n'est pas possible de nettoyer en marche les surfaces en contact avec la vapeur.

Pour nettoyer ces dernières, il suffit, quand la machine est arrêtée, d'enlever le couvercle B.

Quant aux surfaces en contact avec l'eau, l'appareil n'est fermé de ce côté que par une simple porte, qui peut être ouverte à chaque instant pendant la marche.

On pourrait également, comme dans les condenseurs américains, mettre la chambre à eau en communication avec la chambre de vapeur, mais il y aurait à cela de graves inconvénients.

Il faudrait, en effet, pour extraire l'eau refroidissante et la refouler à l'intérieur, vaincre la pression atmosphérique, ce qui occasionne un surcroît de travail considérable pour la pompe à eau.

En outre, comme nous l'avons déjà fait remarquer, l'acide carbonique se dégage de l'eau de mer, et les carbonates viennent former des dépôts sur les tubes.

On peut alors, il est vrai, réduire l'épaisseur des tubes, mais il est hors de doute que, dans la pratique, ce n'est pas la conductibilité du métal qui fait défaut, mais bien l'insuffisance du renouvellement de l'eau en contact avec lui; il n'y a aucun inconvénient à leur donner une épaisseur de 1 millim. ou $1^{mm},5$, d'autant mieux que la masse même du métal contribue puissamment, pourvu que son refroidissement soit complet entre deux coups de piston, à l'absorption de la chaleur et à la rapidité de la condensation.

Enfin il est évident que cette communication entre la vapeur d'échappement et l'eau froide est une cause de perte qui peut devenir très-importante, pour peu que la tension au condenseur s'élève.

En isolant, au contraire, la chambre à vapeur de la chambre à eau, on a, outre la suppression des inconvénients qui précèdent, l'avantage de pouvoir nettoyer, du côté de l'eau, les tubes à tout instant pendant la marche.

En comparant les deux types de condenseurs que nous venons de décrire, il est évident que le premier produira un refroidissement plus énergique et permettra d'effectuer la condensation avec le minimum de surface; le deuxième demande une surface plus considérable et se prête difficilement au nettoyage en marche ; mais, quand ces conditions n'auront pas une grande importance, sa simplicité pourra le faire préférer.

Nous n'avons fait, ici, qu'indiquer le principe de ces appareils ; ils peuvent être modifiés de différentes façons, mais ils doivent réaliser deux conditions essentielles sans lesquelles la condensation tubulaire ne peut être que la source d'embarras et d'avaries, c'est d'abord la disposition des surfaces condensantes de forme quelconque en diaphragmes accessibles sur les deux faces, que ces surfaces soient formées par des tubes cylindriques, ovales, aplatis, ou par des lames diversement disposées, et en second lieu l'injection extérieure de l'eau de condensation.

Condensation par injection d'eau douce au condenseur.

L'insuccès des condenseurs par contact a conduit à essayer un système mixte ayant également pour but l'alimentation des chaudières à l'eau distillée. Il consiste à opérer la condensation avec de l'eau douce que l'on refroidit ensuite dans un réfrigérant pour la rendre propre à effectuer de nouveau la condensation.

Ce système, connu depuis longtemps, a donné lieu à des essais moins nombreux et moins suivis, parce qu'il offre prise aux mêmes objections que celui de la condensation directe par contact, et qu'on espérait, par ce dernier procédé, arriver à remplacer simplement le condenseur ordinaire par un appareil équivalent.

L'expérience la plus sérieuse, à laquelle le système en question ait donné lieu, a été faite par M. Lenormand fils, ingénieur-constructeur au Havre, à bord du bateau à vapeur *l'Albert*. Le réfrigérant est un appareil tubulaire ordinaire dans lequel l'eau de mer refroidissante est amenée par une sorte de manche à eau, par le mouvement même du navire.

L'appareil a fonctionné, dit-on. d'une manière satisfaisante.

Quoi qu'il en soit, que l'on adopte la condensation directe par contact, ou la condensation par injection au condenseur d'eau douce incessamment refroidie, le problème est à peu près le même.

Dans un cas comme dans l'autre, il faut remédier à l'altération des surfaces condensatrices, et avoir des moyens de nettoyage faciles.

Conditions à remplir. — Il faut donc que les réfrigérants remplissent les mêmes conditions que les condenseurs par contact direct, et qu'ils soient basés sur les mêmes principes.

Appareils à employer. — La disposition représentée fig. 1, pl. i, légèrement modifiée, peut, dans ce système, être employée comme réfrigérant.

A cet effet, il suffit de supprimer la fausse plaque C, et les tubes injecteurs de vapeur b, b, et de disposer, au-dessus du faisceau tubulaire disposé horizontalement, une boîte à eau dont le fond percé de trous laisse échapper, sous forme de pluie, l'eau de condensation à refroidir.

Par cette disposition, on peut, avec une faible surface refroidissante, obtenir le refroidissement complet de l'eau.

Il faut observer que l'eau ordinaire destinée à l'opérer ne sera pas parfaitement utilisée; une partie sera rejetée sans avoir pris la température de l'eau à refroidir, mais c'est là un bien faible inconvénient, car on n'aura à vaincre que la colonne d'eau correspondant à la différence du niveau, et le travail de refoulement de cette eau sera toujours peu considérable.

On peut d'ailleurs, tout en conservant les principes essentiels que nous avons énumérés, réaliser entre les deux courants d'eau un échange de température graduel et méthodique, au moyen de la disposition qui suit, et qui est représentée fig. 4, pl. I.

Un faisceau de tubes a, a, a est disposé verticalement dans le vase A; ces tubes sont fermés à leur partie supérieure par une partie concave, et sont pris à leur extrémité inférieure dans la plaque tubulaire B.

Un deuxième faisceau de tubes b, b, b, concentriques aux premiers, est fixé à la plaque tubulaire C; ces tubes sont ouverts à leurs deux bouts, et laissent entre leurs parois et celles des tubes a, a, a un intervalle de 1 millimètre au plus.

L'appareil est fermé en haut par un couvercle creux D, dans lequel l'eau à refroidir arrive par le tuyau E; cette eau tombe, par les petits orifices o, o, o, sur la partie concave de chacun des tubes verticaux et descend en ruisselant le long des parois; elle s'écoule, par le tuyau F, au réservoir d'eau distillée installé comme pour la condensation directe par surfaces

L'eau destinée à effectuer le refroidissement arrive par le tuyau G, remonte par les intervalles annulaires ménagés entre les deux séries de tubes et redescend par les tubes b, b, b, pour retourner au dehors par le tuyau H. Cette eau est mise en circulation par une pompe spéciale.

Pour nettoyer les tubes du côté de l'eau chaude, il suffit d'enlever le couvercle creux D. Quant aux surfaces en contact avec l'eau ordinaire, la rapidité de son mouvement rendra les dépôts très-lents, et il suffira de démonter le faisceau tubulaire par le joint **XY**, à des intervalles très-éloignés.

Ainsi appliqué, ce système peut donner, comme celui par condensation extérieure directe, des résultats très-satisfaisants.

Il offre même un certain avantage par la facilité que l'on a de placer le réfrigérant à un endroit quelconque du navire.

Quel que soit celui de ces deux procédés que l'on adopte dans chaque cas particulier, ils peuvent être appliqués avec sécurité au moyen des appareils qui viennent d'être décrits sommairement; en suivant les principes que nous avons énoncés, on évitera tous les inconvénients que l'on a jusqu'ici reprochés aux condenseurs tubulaires, et, comme conséquence, on pourra aborder sans crainte les hautes pressions.

CHAPITRE IV.

DES MACHINES MARINES A HAUTE PRESSION.

Avantages des hautes pressions pour la navigation à vapeur.

L'adoption, à terre, des machines à haute pression, longue détente et condensation, a permis de réaliser des progrès immenses, soit au point de vue de la consommation du combustible, soit au point de vue du poids des appareils.

Comme ces deux points ont, sur mer, une importance capitale, on a toujours cherché, avec raison, à employer des pressions de plus en plus élevées : sans l'impossibilité créée par la nature même de l'eau de mer, sans les difficultés que l'on a rencontrées dans l'établissement des condenseurs à surfaces, il serait inexplicable que l'application de la vapeur qui réclame le plus impérieusement l'adoption des plus hautes pressions possibles soit précisément la seule où les basses et moyennes pressions soient encore presque exclusivement employées.

Objections faites à leur emploi.

Toutefois, parmi les objections qui se sont élevées contre l'emploi des hautes pressions même fondées sur l'application des condenseurs tubulaires, il en est qui ne sont pas inhérentes aux difficultés que présentent ces appareils eux-mêmes.

On a contesté qu'il fût possible d'obtenir des effets dynamiques, notablement supérieurs à ceux auxquels on est déjà arrivé; on a objecté que, pour en arriver là, il fallait, par l'emploi des détentes prolongées, accroître démesurément le poids et l'encombrement des appareils.

On a mis en avant des raisons de sécurité, de régularité dans la marche, de simplicité, et les progrès si remarquables obtenus dans ces dernières années ont contribué à faire croire qu'il y aurait peu de chose à gagner à changer l'état de choses actuel.

Ainsi, en mettant en parallèle, d'une part, les avantages incontestables, à un point de vue général, des hautes pressions, d'autre part les motifs qui précèdent, on est arrivé à mettre en doute que leur adoption sur mer dût améliorer sensiblement l'état de choses actuel, en prenant la question dans son ensemble, au point de vue du poids et de l'encombrement des appareils, de la dépense de combustible, et du prix d'achat et d'entretien à la mer.

Conditions à remplir pour leur application. — Il est donc essentiel, avant de rechercher les conditions d'application de la haute pression à la navigation, d'examiner si son adoption, en principe, est rationnelle et avantageuse, et dans quelle proportion elle peut contribuer au progrès de la navigation à vapeur.

Nous avons démontré, dans le chapitre précédent, que les condenseurs tubulaires pouvaient être employés en toute sécurité, en les établissant d'après des principes rationnels, et que leur poids et leur encombrement pouvaient être réduits de manière à ne laisser subsister de ce côté aucune objection.

Pour répondre aux objections que nous avons rappelées, il reste à examiner si la haute pression rend réellement les longues détentes avantageusement applicables, tout en amenant une réduction importante dans le poids et l'encombrement des appareils, enfin si toutes les conditions auxquelles sont astreintes les machines de navigation peuvent être réalisées.

D'abord, il est évident que, du moment que l'alimentation à l'eau douce laisse toute latitude pour élever la pression, il y a avantage à adopter les pressions les plus élevées qu'il soit possible d'admettre en pratique ; s'il était possible de maintenir régulièrement aux chaudières des pressions de 10 et 12 atm., il n'y aurait pas à hésiter à atteindre ces limites ; tout au moins doit-on porter la pression à 8 atm., comme dans les locomotives et beaucoup de bateaux de rivière.

Avec cette pression initiale, les conditions vont devenir tout autres qu'à basse et à moyenne pression.

Dans les machines à basse pression, la détente est nécessairement fort bornée. Avec une atmosphère environ de pression effective dans les cylindres, si l'on considère une demi-atmosphère comme la limite de pression motrice à conserver au commencement de l'échappement, on pourrait tout au plus détendre à moitié ; mais il y a encore à faire des restrictions à ce sujet : les appareils à basse pression sont déjà très-volumineux à pleine introduction, et atteignent rapidement des dimensions inadmissibles ; en outre, le poids même des organes en mouvement et les frottements considérables qui en résultent donnent aux résistances passives une importance relative considérable, qui empêche de porter la détente à la limite ci-dessus, et ont conduit à admettre la vapeur pendant les 80 à 85 centièmes de la course.

En adoptant les pressions moyennes, 2 atm.50 et 2 atm.75, aujourd'hui usitées dans la marine, on espérait accroître la détente dans une grande proportion ; mais, comme à mesure que l'on a élevé la pression, on a accru la vitesse des navires par l'adoption de machines plus puissantes, on s'est trouvé sensiblement en présence des mêmes difficultés que dans les anciens appareils à basse pression.

Le poids et l'encombrement des machines sont restés aussi considérables, même avec de fortes introductions, et l'influence des résistances passives n'a pas sensiblement diminué.

D'ailleurs, l'accroissement de pression motrice n'a pas été aussi grand qu'on pourrait le croire : dans les machines de la *Bretagne*, de l'*Algésiras*, de l'*Eylau*, et autres, la pression maximum par centimètre carré sur le piston ne dépasse pas $1^k,56$, ce qui fixerait au tiers le maximum d'introduction possible ; mais, par la même raison que tout à l'heure, on a trouvé peu d'avantage à employer une détente aussi prolongée, et finalement on a admis en principe une introduction des 60 ou 70/100es en marche normale.

La détente variable n'est employée que pour diminuer la puissance quand on veut marcher à une allure plus modérée, et l'introduction minimum est fixée à **0,30** de la course.

Enfin, dans les machines des batteries flottantes où l'on a adopté les hautes pressions, l'expérience n'a pas été favorable à l'élévation de la pression, mais les résultats sont faciles à expliquer.

En effet, dans ces machines, tout a été sacrifié à la légèreté des mécanismes ; on a admis des vitesses considérables, **120** et **150** tours par minute, et des détentes peu prolongées.

De là, des dépressions considérables de la tension de la vapeur, mauvaise utilisation du combustible, faible économie de poids et d'encombrement, eu égard à la force effective produite.

Dans un essai relaté par M. Ledieu dans son *Traité élémentaire des appareils à vapeur de navigation*, on a obtenu les résultats suivants :

Puissance nominale	12 chevaux.
Pression absolue aux chaudières en c. m. de mercure.	335
— — en kilog. par c. m. c..	4.562
Introduction pendant l'essai considéré	0.70
Effort moyen sur les pistons en c. m. de mercure d'après l'indicateur	144.30
Effort moyen sur les pistons en c. m. de mercure, déduit de la loi de Mariotte	223.69
Charbon brûlé par heure et par cheval de 75 km. sur les pistons	2.530

En comparant l'effort moyen accusé par l'indicateur à celui donné par le calcul, on voit que la vapeur a subi une énorme dépression, et il n'y a pas lieu de s'étonner des résu'tats défavorables des hautes pressions ainsi appliquées.

Dans d'autres essais sur des machines analogues de 150 chevaux, la pression de 5 atmosphères dans les chaudières s'est trouvée réduite à 3 pendant l'introduction.

Il est évident que les hautes pressions appliquées dans de semblables conditions ne peuvent pas être considérées comme un progrès.

Mais la question change de face si, ayant dégagé la question de toute entrave par l'alimentation des chaudières à l'eau distillée, on s'entoure, pour l'application des hautes pressions, de toutes les garanties de succès que comporte le système, dans des conditions comparables à celles des machines actuelles, fonctionnant à terre, qui ont donné les meilleurs résultats.

On appréciera, par l'examen du tableau suivant, dans quelles proportions la pression peut influer sur le travail de la vapeur et sur le poids et l'encombrement des appareils.

Ce tableau contient le travail produit par un kilogramme de vapeur aux différentes pressions et pour les différents degrés de détente que nous avons à comparer; il contient aussi les volumes des cylindres qui correspondent à ces diverses circonstances.

| PRESSION DE LA VAPEUR. | 1 atm. 25. | | 1 atm. 50. | | 2 atm. 00. | | 8 atm. 00. | |
| CONTRE-PRESSION...... | 0 atm. 125. | | 0 atm. 125. | | 0 atm. 125. | | 0 atm. 125. | |
Degrés de la détente ou valeur de l'introduction.	Travail en kilogrammètres.	Volumes correspondants des cylindres.	Travail en kilogrammètres.	Volumes correspondants des cylindres.	Travail en kilogrammètres.	Volumes correspondants des cylindres.	Travail en kilogrammètres.	Volumes correspondants des cylindres.
100/100	16.180	0.80	16.150	0.71	17.353	0.50	20.644	0.123
70/100	21.574	0.914	22.422	0.75	23.405	0.544	27.980	0.130
1/2	26.700	1.04	27.542	0.85	28.968	0.62	34.839	0.146
1/3	»	»	33.520	1.05	35.354	0.76	43.050	0.180
1/4	»	»	»	»	39.428	0.92	48.678	0.210
1/5	»	»	»	»	»	»	53.172	0.240
1/6	»	»	»	»	»	»	56.603	0.270
1/8	»	»	»	»	»	»	61.691	0.320
1/10	»	»	»	»	»	»	66.066	0.380
1/15	»	»	»	»	»	»	72.891	0.525
1/20	»	»	»	»	»	»	77.700	0.654

On voit, à l'inspection de ce tableau, quelle réduction peut être apportée par l'adoption des pressions de 8 atmosphères dans la dépense de vapeur et dans le volume des cylindres.

En effet, les volumes des cylindres sont exprimés par les nombres proportionnels

$$0,914, \quad 0,75, \quad 0,544,$$

pour des pressions de

$$1^{atm},25, \quad 1^{atm},50, \quad 2^{atm},$$

avec 0,70 d'introduction.

A 8 atmosphères, avec un dixième d'introduction, le volume des cylindres est exprimé par le nombre 0,38, ou bien par les fractions

$$0,42, \quad 0,54, \quad 0,70$$

des nombres qui précèdent.

A la même pression, avec 1/5 d'introduction, ces rapports deviennent

$$0{,}262, \quad 0{,}32, \quad 0{,}441.$$

Par contre, les consommations de vapeur sont représentées par les fractions

$$0{,}33, \quad 0{,}34, \quad 0{,}36$$

pour la détente au dixième,

et
$$0{,}407, \quad 0{,}418, \quad 0{,}44$$

pour la détente au cinquième.

Les rapports qui viennent d'être établis, relativement au volume des cylindres, ne laissent aucun doute sur la possibilité d'adopter les détentes les plus prolongées, tout en réalisant d'importantes économies sur le volume des appareils.

Nous verrons que l'on peut obtenir des réductions aussi considérables sur le volume et le poids des appareils évaporatoires.

On peut objecter que ces conclusions sont purement théoriques et semblent en contradiction avec l'expérience acquise sur mer ; mais cette contradiction n'est qu'apparente ; les indications de la théorie sont vraies ; si elles sont souvent en désaccord avec la pratique, c'est faute d'une bonne application, faute d'employer des moyens d'éliminer les causes perturbatrices dont l'effet est souvent si important. L'exemple des machines établies à terre montre, tout au contraire, que, lorsque les conditions essentielles à la réalisation des effets théoriques sont remplies, l'expérience vient toujours les confirmer.

On a déjà obtenu, sur mer, des résultats qui ne s'éloignent pas beaucoup, au point de vue de la consommation du combustible, des chiffres indiqués par la théorie.

Nous citerons, comme exemple, les machines de l'*Actif*, dont la consommation n'a pas dépassé 0ᵏ,9 par heure et par cheval de 75 kilogrammètres.

Dans les dernières machines à condensation tubulaire établies en Angleterre, on a obtenu des résultats analogues.

Satisfont-elles bien aux conditions générales du problème de la navigation à vapeur? — Il reste maintenant à examiner si les machines à haute pression et à longue détente sont bien appropriées à la navigation, et réalisent les conditions multiples auxquelles ces machines sont assujetties :

1° SÉCURITÉ. — Cette condition est évidemment la plus essentielle de toutes : elle ne comporte pas seulement la suppression de tout danger d'explosion, mais aussi des accidents de toute nature qui puissent, sans compromettre le bâtiment lui-même ou la vie des personnes, entraver son service ; elle comprend encore la suppression de toutes les causes qui peuvent influer d'une manière fâcheuse sur le rendement des machines, l'effet utile du combustible et la durée des appareils.

A basse et à moyenne pression, on obtient une sécurité suffisante par l'emploi judicieux des extractions, mais il est impossible d'empêcher complétement les incrustations de se former, d'influer d'une manière importante sur l'effet utile du combustible et la durée des chaudières, en même temps que les coups de feu sont à craindre.

A haute pression, du moment que les condenseurs tubulaires offrent toute sécurité, qu'il n'y a plus à craindre de les voir promptement hors de service, cette condition est remplie beaucoup plus complétement qu'à basse pression. Du côté des machines, l'expérience acquise à terre montre que les machines à haute pression, construites avec soin, n'offrent pas plus de chances d'avaries que les machines à basse pression, quand tous les organes sont bien proportionnés aux efforts qu'ils supportent.

En ce qui regarde les chaudières, l'alimentation à l'eau distillée supprime les incrustations, l'effet utile du combustible reste toujours le même; les coups de feu deviennent impossibles, et la durée des chaudières, au lieu d'être limitée à 4 ou 5 ans, devient, pour ainsi dire, illimitée.

2° ÉCONOMIE DE COMBUSTIBLE. — Après la condition de sécurité, qui domine toutes les autres, celle de l'économie du combustible est la plus importante, puisque le charbon forme, généralement, la partie la plus considérable de la dépense à la mer.

La comparaison des consommations des machines de terre avec celle des machines de mer nous a montré que, malgré tous les progrès accomplis, la dépense du combustible était encore, dans ces dernières, bien exagérée; tandis qu'elle est encore, au minimum, sur mer, de $2^k,50$ par cheval de 75 km. sur l'arbre, d'après les constatations faites sur les meilleures machines, l'expérience acquise à terre montre que le chiffre de 1 kilog. ne devra pas être dépassé, quand on pourra employer la haute pression, et l'appliquer à bord dans les conditions les plus favorables.

Ces conditions favorables sont l'emploi des plus hautes pressions qu'il soit possible de maintenir en marche régulière, 8 atm. au moins, et l'adoption des détentes très-prolongées, obtenues par un système de distribution simple et qui permette d'introduire la vapeur aux cylindres sans abaissement de tension; on doit, en outre, par tous les moyens possibles, éviter la condensation intérieure, dont l'effet, déjà très-nuisible dans les machines actuelles, le serait encore bien davantage dans les machines à haute pression.

3° RÉGULARITÉ. — On n'a pas besoin, sur mer, d'une régularité aussi parfaite qu'on peut l'exiger des machines employées dans les filatures ou autres usines, où la plus légère variation de vitesse peut influer d'une manière fâcheuse sur le travail produit ou sur le bon fonctionnement des outils.

Dans les machines de navigation, on peut admettre certaines variations dans la vitesse sans nuire à la propulsion : toutefois il faut que la régularité soit suffisante pour éviter toute secousse qui puisse ébranler les coques ou les machines.

Avec les machines actuelles, à pression modérée et à faible détente, on obtient, par l'emploi de deux machines conjuguées, une régularité de mouvement parfaitement suffisante.

Les machines à haute pression et longue détente sont soumises à des efforts qui, très-considérables à certains moments, éprouvent de grandes variations; on peut donc craindre que ces variations ne se traduisent par des secousses, par des chocs capables d'amener une prompte détérioration des appareils moteurs et d'ébranler leurs fondations et ces coques elles-mêmes.

Nous verrons qu'il est toujours possible d'y remédier complétement de la manière la plus simple et de placer les machines à haute pression dans lesquelles le travail de la vapeur est le plus variable dans d'aussi bonnes conditions que les machines à basse pression.

4° FACILITÉ DE MANOEUVRE, DE GRAISSAGE ET D'ENTRETIEN. — Cette condition, surtout en ce qui regarde le graissage et l'entretien, est généralement très-mal remplie dans la plupart des machines de mer.

Elles sont, en général, surtout la machine à hélice, trop ramassées; beaucoup d'organes sont inaccessibles ou du moins très-difficiles à visiter. Le graissage, la visite de ces organes s'effectuent mal, et les démontages que demande l'entretien courant sont compliqués, longs et dispendieux.

En ce qui regarde la manœuvre, il faut souvent, dans les grands navires, employer, pour changer la marche, des engrenages qui demandent la force de plusieurs hommes et nuisent à la rapidité de la manœuvre.

Rendre tous les organes accessibles, les mettre bien en vue du mécanicien, éviter les transmissions de mouvement compliquées, faciliter les soins ordinaires d'entretien et les démontages en cas de réparations, rendre les manœuvres faciles et rapides, telles sont les conditions qu'il faut chercher à remplir.

Nous verrons, dans l'étude des types de machines à haute pression, et spécialement du mode de changement de marche et de détente, que ces conditions peuvent être réalisées parfaitement avec les machines à haute pression.

5° RÉDUCTION DU POIDS ET DE L'ENCOMBREMENT DES APPAREILS. — Dans les appareils actuels, la tension peu élevée sous laquelle agit la vapeur rend les machines très-lourdes et très-encombrantes, même quand on ne fait pas usage de la détente, et celle-ci ne peut, pour cette raison, être poussée très-loin, indépendamment de la limite qui lui est assignée en raison du faible excès de la pression motrice sur la pression résistante.

Les chaudières, en raison du grand volume de vapeur à accumuler dans les réservoirs, et des facilités de nettoyage qu'il faut se réserver, atteignent des proportions colossales, qui font un obstacle de plus au développement des surfaces de chauffe.

A haute pression, au contraire, il a été démontré que la détente peut être employée jusqu'au point où elle cesse d'être avantageuse, tout en laissant une réduction considérable dans le volume des cylindres et le poids des machines qui lui est proportionnel, dans une certaine mesure.

Nous verrons que la réduction est encore plus considérable par l'appareil évaporatoire.

Conclusion. — De l'examen qui précède et qui sera complété par les développements ultérieurs, il résulte que, pour les conditions les plus essentielles, il y a un avantage considérable en faveur des hautes pressions, et qu'au contraire les machines actuelles donnent prise à des objections capitales qui nécessitent leur transformation complète.

Choix du type à adopter.

La nécessité et l'opportunité de l'emploi, sur mer, des hautes pressions une fois admises, il reste à rechercher quels types de machines il conviendra d'adopter et à examiner les moyens de satisfaire aux conditions qui viennent d'être énoncées, surtout à celles qui semblent, au premier abord, plus difficiles à concilier avec l'adoption des hautes pressions et des détentes prolongées.

Examen des types les plus récents. — Mais, avant de commencer cet examen, il est essentiel de relater en quelques mots quelle a été la tendance dans les essais les plus récents.

Application, sur mer, du système Woolf. — L'innovation la plus remarquable est l'application du système Woolf à la navigation, application qui remonte déjà à plusieurs années.

Cette application a été motivée par l'élévation de tension que l'on a été conduit à adopter sur mer. Plusieurs constructeurs ont cherché, en portant cette tension à 3 et quelquefois à 4 atm., à faire un usage plus étendu de la détente; c'est dans ce but et en même temps pour éviter les pertes par refroidissement intérieur des cylindres que l'on a appliqué le système Woolf.

En France, M. Gâche, ingénieur-constructeur à Nantes, a construit des machines Woolf à balancier ; ces machines sont formées de deux cylindres superposés ayant leurs tiges dans le prolongement l'une de l'autre.

D'après les expériences, la consommation de charbon aurait été réduite à 1 kilog. environ par cheval de 75 km. sur les pistons.

L'usine Mazeline du Havre a également fourni dans ce système les machines du transport de l'État de 120 chevaux, *le Loiret.*

En Angleterre, MM. Randolph et Elder de Glascow semblent être les premiers qui aient adopté le système Woolf, et les résultats obtenus avec leurs machines accusent une consommation moyenne de $1^k,2$ par cheval de 75 km. sur les pistons.

Mais l'essai le plus remarquable est dû à MM. Rowan et Horton, dont le système vient d'être appliqué par le gouvernement français sur l'aviso à hélice de 120 chevaux, *l'Actif.*

La pression initiale a été portée à 8 atm. ; à cet effet, les chaudières sont alimentées à l'eau distillée ; le condenseur est unique, tubulaire, et du système Hall, sauf quelques perfectionnements de détail, surtout pour les joints.

L'appareil complet se compose de six cylindres, dont deux reçoivent la vapeur de la chaudière, tandis que les quatre autres reçoivent deux à deux la vapeur qui s'échappe des deux premiers.

Alimentation à l'eau distillée, condensation par surfaces, haute pression et longue détente, tous les éléments nécessaires pour arriver à la plus grande réduction possible de la dépense de charbon sont réunis dans cette machine.

Elle participe, il est vrai, aux inconvénients généraux inhé-

rents aux condenseurs tubulaires; elle donne prise aux objections que soulèvent les machines de Woolf dans leur application
à la navigation maritime; la machine est lourde et compliquée,
mais les résultats obtenus dans les essais confirment pleinement les conclusions énoncées plus haut pour la consommation
des machines à haute pression.

Dans les expériences de l'*Actif*, la consommation de charbon
a été, en effet, de $0^k,90$ par cheval de 75 km. sur les pistons.

Si l'on compare les résultats obtenus dans ces différentes
conditions par l'emploi du système Woolf à ceux que l'on obtient avec les machines actuelles, il semble, au premier abord,
que les avantages obtenus tiennent au système en lui-même,
qu'on doive l'adopter de préférence à tout autre.

Il est facile, toutefois, de voir que la réduction constatée dans
la consommation de combustible tient uniquement au degré
de détente employé, et que l'on serait arrivé beaucoup plus
simplement aux mêmes résultats par la détente dans un seul
cylindre.

Motifs qui l'ont fait employer. — Les motifs qui semblent
avoir dirigé les idées dans cette voie sont les suivants :

1° On a voulu obtenir, par l'emploi des machines de Woolf,
une grande régularité dans les efforts sur les pistons et dans la
vitesse de rotation, et par suite réaliser, avec l'emploi de détentes
prolongées, les mêmes conditions qu'avec les machines à basse
pression.

2° On a voulu éviter de faire arriver la vapeur venant de la
chaudière en contact avec un cylindre en communication
directe avec le condenseur, et supprimer, autant que possible,
la condensation intérieure, si nuisible au point de vue de la
dépense de vapeur.

Ses avantages et ses inconvénients. — Le double but que l'on s'est proposé est, en effet, en partie atteint ; mais l'avantage que l'on a ainsi obtenu est plus que compensé par les inconvénients importants que présentent les machines de Woolf, surtout appliquées à la navigation.

Le système Woolf a, en effet, pour résultat d'entraîner une complication très-fâcheuse, puisque la simplicité est une condition très-essentielle à remplir sur mer.

Comme dans les machines de Woolf, le travail produit avec les deux est le même que si le grand cylindre existait seul, et qu'on y admît le volume de vapeur introduit dans le petit cylindre, ce système augmente à la fois le poids et l'encombrement des appareils, rend l'entretien et le graissage plus difficiles par la multiplicité même des organes ; de plus, la circulation de la vapeur dans les conduits ne s'opère qu'au prix d'un accroissement de contre-pression derrière le premier cylindre, en même temps que les espaces nuisibles deviennent considérables.

Ces effets, peu sensibles avec les machines à faible vitesse, deviennent importants à grande vitesse, et il est à remarquer aussi qu'à part des cas exceptionnels, les machines Woolf sont adaptées à des bâtiments à roues, et il y a tout lieu de croire qu'il serait inapplicable aux machines à hélice à grande vitesse.

Enfin on diminue bien, dans une certaine proportion, la différence de température entre les cylindres et le condenseur, mais elle reste toujours assez considérable pour que la condensation intérieure s'y produise, et elles ne dispensent, pas plus que pour la détente dans un seul cylindre, de l'addition d'enveloppes de vapeur.

Préférence à donner en principe aux machines à détente dans un seul cylindre. — Les machines à détente dans un seul cylindre sont évidemment celles qui réalisent le mieux dans leur ensemble les conditions générales que nous avons examinées.

Si donc on peut démontrer que, par leur emploi, l'on peut obtenir, avec les détentes les plus prolongées, une régularité suffisante, que l'on peut s'opposer, d'une manière complètement efficace, à la condensation intérieure, il est évident que le système Woolf n'aura plus de raison d'être, et qu'il devra être remplacé, en raison des inconvénients qu'il présente pour les machines marines, par le système le plus simple possible : dès lors, la machine à haute pression, à grande détente dans un seul cylindre, construite d'ailleurs avec toutes les précautions que réclament les appareils à vapeur de navigation, deviendra, par sa simplicité et l'ensemble des conditions avantageuses qu'elle réalise, le véritable type des machines à vapeur marines, et le dernier terme du progrès dans l'application de la vapeur à la navigation.

Moyens de réaliser le même but que dans les machines Woolf. — Pour répondre à toutes les objections qui peuvent être faites au système de détente dans un seul cylindre, il nous reste à examiner les deux questions suivantes qui seules peuvent, au premier abord, expliquer l'emploi des machines Woolf ; ce sont d'abord les moyens d'obtenir une régularité suffisante, et en second lieu de s'opposer à la condensation intérieure.

On peut apprécier les conditions du travail des machines que nous considérons par l'inspection de l'épure représentée fig. 3 et 4, pl. III ; elle donne les courbes de travail pour une machine détendant au dixième suivant qu'elle est à un, à deux ou trois cylindres.

Ces courbes montrent que le travail, très-irrégulier dans une machine unique, est déjà bien régularisé avec deux machines conjuguées à angle droit, et qu'avec trois cylindres calés sous des angles de **120°** on obtient une régularité presque complète.

Si on se rappelle que les machines de mer sont loin de demander une régularité absolue, que l'on rapproche ces conditions de travail de celles qu'on a pu adopter dans certains bateaux à vapeur sans nuire à la propulsion, on reconnaîtra que les machines à deux cylindres conjugués pourraient être employées sans inconvénient, même en l'absence de tout moyen spécial de régularisation.

A l'appui de cette opinion, il est facile de citer des machines qui fonctionnent dans des conditions de régularité beaucoup plus défavorables, et qui n'en font pas moins un bon service.

C'est ainsi que beaucoup de bateaux de rivière sont munis de machines à un seul cylindre.

Le bateau *le Parisien*, un grand nombre de bateaux américains n'ont qu'une seule machine.

Sur le Rhône, les machines du Creusot établies sur plusieurs bateaux, la *Foudre*, le *Mississipi* et autres, ont un seul cylindre à détente variable; leur travail est évidemment plus irrégulier que celui des machines à deux cylindres que nous considérons, et pourtant elles ont toujours donné d'excellents résultats, et ont fait un service aussi bon et aussi économique que les machines à deux cylindres établies sur des bateaux identiques.

Sur mer, les Américains ont adopté les machines à un seul cylindre pour plusieurs de leurs grands paquebots transatlantiques, notamment l'*Ariel* de 450 chevaux et le *North-Star* de 500.

Dans tous les exemples qui viennent d'être cités, il est évident que le travail sur la manivelle est beaucoup moins régulier que dans les machines à deux cylindres accouplés, quel que soit le degré de détente.

Ces exemples viennent à l'appui du fait énoncé précédemment, que les machines de mer ne demandent pas une régularité absolue pour faire un bon service.

Toutefois il convient d'employer tous les moyens qui peuvent contribuer à la régularité du mouvement. C'est pour les machines un préservatif contre les chocs qui peuvent amener des ruptures ou des détériorations, et en même temps une garantie de longue durée sans réparations.

Il n'est donc pas inutile, tout en reconnaissant que les machines à deux cylindres accouplés donnent une régularité suffisante pour la navigation, d'accroître encore cette régularité.

Le moyen le plus simple est l'emploi du volant. Cet organe de régularisation est généralement écarté de toutes les machines de navigation; mais il est facile de montrer que cette exclusion ne peut être absolue, et qu'il peut, au contraire, offrir une précieuse ressource.

Les motifs sur lesquels on s'est toujours basé pour proscrire les volants à bord ont été le poids considérable qu'ils devraient avoir pour être efficaces, la difficulté de les placer à bord et la nécessité d'un arrêt rapide des machines.

Ces motifs seraient indiscutables si la régularité de rotation des machines de mer devait être comparable à celle des machines que l'industrie emploie pour mouvoir des métiers délicats. Alors, pour les grandes puissances usitées sur mer, les poids de volants seraient énormes et, pour cette raison, inadmissibles; mais, quand il s'agit de corriger légèrement les irrégularités d'action d'une machine, de rendre le passage aux points morts insensible, que d'ailleurs une variation, même importante, dans la vitesse de rotation, n'influe en rien sur l'effet du propulseur, la question est tout autre.

Dès lors on peut appliquer aux machines de mer des volants d'un poids très-restreint, faciles à installer à bord, et dont la masse soit assez faible pour que l'arrêt se produise dans un très-court espace de temps.

Pour fixer les idées, considérons une machine à deux cylindres accouplés, produisant, avec $1/10^e$ d'introduction, une force de 3,500 chevaux de 75 km. sur les pistons, c'est-à-dire développant sensiblement la même puissance que les machines de la *Bretagne*.

Le calcul indique que, pour obtenir une vitesse de rotation qui varie de $1/10^e$ au plus, il suffit d'adopter un volant d'un poids de 14,000 kilog. et d'un diamètre de 4 mètres.

Or ce calcul ne tient compte, ni de l'inertie des pièces en mouvement et du propulseur, ni de la puissance vive du bâtiment, ni de la masse des contre-poids destinés à équilibrer les organes en mouvement.

Il est donc évident que, quel que soit le degré de détente employé, on obtiendra facilement une vitesse de rotation beaucoup plus régulière qu'il n'est nécessaire pour la propulsion, et suffisante pour assurer la bonne marche de la machine elle-même.

Du moment que le volant peut être réduit, tout en étant suffisamment efficace, à un poids qui forme une fraction aussi faible du poids total d'un appareil, il n'y a pas à hésiter à l'adopter.

Quand on obtient la régularité de mouvement au moyen des machines de Woolff, ce n'est qu'au prix d'une complication fâcheuse, d'un accroissement dans le nombre des organes en mouvement, et d'une augmentation de poids et d'encombrement qui arrive bien vite à surpasser le poids d'un volant tel que nous le considérons.

Les mêmes remarques s'appliqueraient à une machine à trois cylindres conjugués, qui permettrait d'obtenir une régularité presque parfaite sans l'emploi d'un volant. Dès lors y a-t-il à hésiter à se servir d'une masse de fonte brute, d'un prix insignifiant, plutôt que d'accroître le prix et la sujétion d'une machine par l'accroissement du nombre des cylindres et des organes qui en dépendent?

Quant à l'installation à bord, il n'y a pas de difficultés à craindre, car le volant pourra être placé en un point quelconque de l'arbre, assez élevé d'ailleurs au-dessus du fond du bâtiment pour qu'il puisse être logé facilement. Quant à l'instantanéité de l'arrêt, le volant n'y fera nul obstacle sensible, puisque la puissance vive totale accumulée dans le volant ne représente toujours, dans l'hypothèse ci-dessus, que le travail de la machine pendant $7/10^{es}$ de seconde.

A bien considérer, un tel volant est comparable aux engrenages des anciennes machines à hélices; et l'on sait que l'un des avantages de ce système était précisément que ces engrenages faisaient volant et contribuaient ainsi à donner à la machine une marche douce et régulière.

Suppression de la condensation intérieure. — La condensation intérieure est un des effets les plus à redouter dans les machines, et contre lesquels il faut prendre les précautions les plus minutieuses. C'est probablement en grande partie à ce qu'on les néglige sur mer qu'il faut attribuer les mauvais résultats obtenus de l'emploi de la détente dans les machines actuelles.

Ces précautions sont nécessaires dans toutes les machines, et la différence à cet égard entre les machines à haute et à basse pression n'est même pas grande, puisque, à 8 atm., la température n'est que de 172°, tandis qu'elle est déjà de 121° 55 pour une tension de 2 atmosphères.

L'excès de température de la vapeur sur celle du conden seur est, dans le premier cas, de 140° environ, et, dans le deuxième, de 90°.

Toutefois la différence qui existe ainsi entre les deux cas considérés suffit pour que les moyens d'obvier à la condensation intérieure, qui seraient très-utiles à basse pression, soient indispensables quand on emploie des tensions élevées.

Les enveloppes de vapeur sont donc ici très-essentielles, non-seulement pour le corps du cylindre, mais pour les couvercles dont la surface est quelquefois relativement très-considérable.

Dans les grandes machines, la condensation intérieure peut encore se produire sur la surface des pistons eux-mêmes, de manière à occasionner des pertes de vapeur sensibles. On peut l'éviter en grande partie en recouvrant les deux faces du piston de plateaux en bois dont la mauvaise conductibilité puisse s'opposer à la déperdition de chaleur de la masse métallique : on réalise plus complétement ce but en y faisant circuler la vapeur elle-même comme dans les enveloppes ordinaires.

La fig. 5, pl. I, représente une disposition qui évite d'une manière complète toute condensation à l'intérieur du cylindre.

Le cylindre est à double enveloppe, de même que les couvercles eux-mêmes. Le piston en fer forgé est également creux; il reçoit en son centre la tige principale A, et, à ses extrémités supérieure et inférieure, les deux tiges B, B, destinées à supporter le piston.

Ces tiges sont creuses, savoir la tige A sur toute la longueur qui pénètre dans les cylindres. les tiges B, B sur toute leur longueur; elles communiquent avec l'intérieur du piston par les orifices o, o, o.

Les tiges B, B traversent les stuffing-boxes C, C; ceux-ci sont doubles, et le dernier presse-étoupe se termine par un étui en bronze comme ceux employés dans les locomotives pour les tiges des tiroirs.

Cela posé, si l'on fait arriver de la vapeur dans l'étui supérieur, elle pénétrera par la tige creuse dans le piston, où elle se répandra, et l'eau condensée s'écoulera par la tige inférieure.

On voit sur la figure la disposition des tuyaux nécessaires pour obtenir le résultat proposé.

Le tuyau a amène la vapeur destinée aux enveloppes; elle est prise directement à la chaudière, où elle a reçu un léger degré de surchauffe; elle se répand dans l'enveloppe cylindrique et dans les couvercles creux par les branchements b, b, b, et dans l'étui supérieur par le petit tuyau c.

Un système de tuyaux c', b', b', b', a' reçoit à la partie inférieure la vapeur condensée pour la conduire au réservoir d'eau distillée, qui doit toujours, comme nous l'avons vu, accompagner les condenseurs tubulaires.

La chaleur, emportée par l'eau qui se condense dans les enveloppes, se retrouvera ainsi dans l'eau d'alimentation, et il ne se perdra, en somme, que la quantité de chaleur qui passera à travers les parois des cylindres.

Conclusion. — Ainsi, au moyen d'un volant employé dans des conditions restreintes, on peut arriver à l'uniformité du mouvement : par le moyen des enveloppes disposées comme nous venons de l'indiquer, on évitera complétement la condensation intérieure. A ce double point de vue, les machines à haute pression et longue détente peuvent être placées dans d'excellentes conditions.

Ces objections écartées, les seules que pouvaient soulever les machines à deux cylindres conjugués à haute pression et longue détente, ce type de machine présente tous les avantages que nous avons déjà énumérés, sans aucun inconvénient pour les contre-balancer.

Enfin, s'il est incontestable que les variations considérables dans les efforts sur les pistons obligent à calculer toutes les pièces pour l'effort maximum, l'augmentation de poids qui en résulte ne porte que sur un nombre de pièces restreint, et cet inconvénient est moindre que la multiplicité des organes.

Il faut ajouter que le poids des organes d'une machine à haute pression ne diffère pas, autant qu'il pourrait sembler au premier abord, de ceux d'une machine à basse ou moyenne pression ; ainsi les épaisseurs des cylindres sont déterminées, beaucoup moins par la pression que par des considérations de fabrications et de résistance aux efforts et chocs accidentels. Il existe toujours des constantes qui font que les dimensions sont loin d'être proportionnelles aux pressions.

On peut donc regarder la machine à deux cylindres conjugués à haute pression et à longue détente dans le même cylindre, comme parfaitement appropriée à la navigation à vapeur, et, sans prétendre que son emploi doive être exclusif, on peut dire qu'il conviendra dans la grande majorité des cas que la pratique peut présenter.

Application à une machine à hélice. — Examinons maintenant les conditions dans lesquelles la haute pression doit être appliquée.

Au point de vue de l'agencement mécanique, la disposition la plus simple et la plus avantageuse sous tous rapports est la machine à bielle directe; elle doit donc être adoptée toutes les fois que les dimensions du navire permettront de donner aux bielles une longueur suffisante.

Cette machine est représentée fig. 6 et 7, pl. I, en prenant pour exemple l'application à un bâtiment à hélice; les deux cylindres, agissant à angle droit sur leurs manivelles, sont placés du même bord, et les condenseurs sur le bord opposé.

La tête du piston de chaque machine porte un bord d'équerre à deux branches dont l'une conduit la pompe à air P et la pompe alimentaire p, et l'autre la pompe à eau P_1, et la pompe de cale p_1.

Cette disposition est trop simple pour qu'il soit nécessaire de s'y arrêter; nous nous bornerons à examiner en détail les deux questions suivantes, savoir le mode de détente et l'agencement des condenseurs.

Mode de détente à adopter. — Comme il s'agit ici de détentes très-prolongées, le choix du mode de détente a une importance capitale.

Il faut que la distribution s'y opère, sans qu'il se produise, dans le passage aux lumières, d'étranglements capables d'amener une différence notable de tension entre la chaudière et les cylindres.

La détente doit être variable pendant la marche, afin d'éviter de régler la vitesse par des valves régulatrices qui ne réalisent ce but que par un abaissement de tension, toujours préjudiciable à la bonne utilisation de la vapeur.

Enfin il faut que le mécanisme en soit simple, d'une manœuvre facile, et qu'il soit approprié au changement de marche qu'il est nécessaire d'obtenir à bord des navires.

Ces résultats sont obtenus au moyen de l'appareil de détente représenté en détail, fig. 1 et 2, pl. ii.

Il est fondé sur une combinaison de la coulisse de Stephenson et de l'appareil de détente Meyer.

En étudiant le jeu de la coulisse, on reconnaît que le point mort, sauf les amplitudes, possède toujours le même mouvement que l'extrémité opposée à celle qui conduit le tiroir principal, et que, avec les angles de calage adoptés pour obtenir une bonne distribution, ce mouvement est précisément celui qui convient pour produire la détente au moyen de blocs de détente superposés au tiroir principal.

En se fondant sur cette observation, on peut opérer la détente dans une machine à changement de marche de la manière la plus simple, et obtenir une très-bonne distribution, quel que soit le degré de détente.

La coulisse est conduite comme à l'ordinaire par deux excentriques calés sur l'arbre, sous des angles convenables; elle commande le tiroir par la bielle A, qui vient s'articuler sur le coulisseau, et les blocs de détente par la bielle B, articulée en un point fixe à son centre. Ces blocs sont traversés par une tige filetée en deux sens opposés, et qui permet de varier la détente.

Pour obtenir une large ouverture des lumières, les tiroirs sont disposés de la manière suivante :

Les lumières du tiroir principal sont bifurquées, et les blocs de détente divisés en deux parties, de telle sorte que, de chaque côté du piston, la vapeur s'introduit par deux orifices, et que la fermeture des lumières s'opère d'une manière très-rapide.

L'épure représentée fig. 3, pl. II, montre, en effet, que, avec un dixième d'introduction, les lumières sont démasquées complétement, et que ce résultat est obtenu, même pour les détentes les plus prolongées; cet appareil de détente réunit donc à une très-grande simplicité l'avantage d'une bonne distribution de vapeur.

En outre, on voit que, quand il faut varier la détente, soit pour modifier le travail de la machine, soit pour la mettre en train, la quantité dont il faut mouvoir les blocs de détente est toujours très-faible; que cette manœuvre est rapide et facile en raison de la faible résistance qu'ils opposent, les blocs n'étant pas appuyés par la vapeur sur la glace du tiroir principal.

Agencement des condenseurs. — Les condenseurs sont placés sur le bord opposé à celui occupé par les machines, et chacune d'elles à son condenseur spécial : cette disposition est celle que l'on adopte aujourd'hui généralement, et dont le type créé par M. Dupuy de Lôme a montré tous les avantages.

Toutefois il est très-avantageux, en marche ordinaire, de faire arriver la vapeur d'échappement de chaque cylindre à la fois dans les deux condenseurs.

La vapeur, au lieu d'arriver par intermittence, affluera ainsi au condenseur d'une manière presque continue; les surfaces condensantes et l'eau d'injection seront beaucoup mieux utilisées, et le vide obtenu plus parfait.

Pour obtenir ce résultat, il suffit de faire arriver les deux tuyaux d'échappement dans la boîte K, représentée fig. 6 et 7, pl. I, dont les deux parties peuvent être isolées ou mises en communication par un tiroir placé sur la paroi, percée d'une lumière à cet effet; comme on peut craindre qu'ainsi la vapeur qui s'échappe d'un cylindre ne réagisse sur l'autre, il serait probablement préférable d'établir la communication entre les condenseurs à la partie la plus éloignée de l'arrivée de la vapeur.

En résumé, la machine à vapeur à deux cylindres, dont nous venons d'examiner les éléments principaux, présentera les avantages suivants :

1° Marchant sous une pression de 8 atmosphères, elle pourra fonctionner avec une introduction de 1/10°, tout en conservant un excès suffisant de pression motrice pour qu'il y ait un travail effectif produit, et, par suite, avec une grande économie de combustible ;

2° Avec le mode de détente que nous avons décrit, la marche pourra être réglée facilement par la détente seule, et l'on obtiendra une bonne distribution de vapeur avec les détentes les plus prolongées ;

3° En raison de la haute pression adoptée, le poids et l'encombrement seront réduits dans une proportion notable, malgré l'étendue de la détente ;

4° Par l'adoption d'un volant dans les conditions restreintes que nous avons indiquées, on obtiendra, sans complication, une régularité aussi parfaite qu'avec les machines à basse pression ;

5° Au moyen des enveloppes de vapeur appliquées comme il a été dit plus haut, on évitera complétement la condensation intérieure ;

6° Toutes les pièces étant calculées pour résister aux efforts maximum, il sera facile d'accroître, sans danger, le travail par une plus longue introduction, et d'atteindre exceptionnellement des vitesses beaucoup plus supérieures à celles obtenues en marche normale.

L'excès donné aux surfaces de condensation et la possibilité de faire communiquer les deux condenseurs permettront, dans ce cas, d'obtenir un vide à peu près aussi parfait que pendant la marche normale.

Application aux machines à hélice.

Examinons maintenant quelles sont les conditions d'application de ce type de machines aux bateaux, soit à hélice, soit à roues.

Pour l'application de ces machines aux navires à hélice, autant que les circonstances le permettent, il faut adopter la disposition de deux cylindres horizontaux placés du même bord, à bielle directe, avec les condenseurs placés sur le bord opposé, respectivement en regard de chacun des deux cylindres. Cette disposition, qui est celle décrite fig. 6 et 7, pl. I, permet, en effet, de mettre les organes bien à découvert et bien en vue du mécanicien, de développer les mécanismes de transmission de manière à obtenir une bonne distribution et à réduire, autant que possible, les résistances passives.

Pour que ce système puisse être adopté avec tous ses avantages, il faut que la largeur du bâtiment permette de donner aux bielles motrices une longueur suffisante : dans la généralité des cas, par l'emploi des pressions de 8 atmosphères, cette condition est remplie, malgré l'adoption des détentes les plus prolongées.

On peut s'en rendre compte par l'examen du tableau suivant, qui montre la relation entre les différents types de bâtiments et la longueur des machines de force correspondante.

Les calculs supposent toujours 1/10ᵉ d'introduction.

NATURE ou NOMS des bâtiments.	Largeur.	Nombre de tours.	Puissance nominale.	Chevaux de 75 km. sur les pistons.	Diamètre des cylindres à haute pression.	Course des pistons.	Longueur des bielles (5 fois la manivelle).	LONGUEUR totale des machines		DISTANCE des machines aux murailles	
								avec tiges d'arrière.	sans tiges d'arrière.	avec tiges d'arrière.	sans tiges d'arrière.
Vaisseaux rapides.	16.20	45	900	2075	1.47	0.931	2.375	6.05	5.20	1.92	2.99
Frégates rapides.	14.40	45	800	1913	1.43	0.905	2.26	6.	5.06	1.20	2.14
Avisos.	10.40	75	250	810	0.92	0.58	1.45	3.87	3.24	1.33	1.91
Himalaya.	13.50	59	700	2070	1.32	0.815	2.125	5.66	4.76	1.09	1.99

De l'examen de ce tableau il résulte que l'on peut, à bord des bâtiments actuels, placer les machines à haute pression, à bielle directe, en donnant une bonne longueur à ces organes.

On se trouvera alors dans des conditions d'autant plus favorables au point de vue des résistances passives, qu'avec le degré de détente adopté, la bielle est encore très-peu inclinée au moment où la pression commence à tomber dans le cylindre.

D'après ce qui précède, il est aisé de voir que cette machine serait installée d'après des principes essentiellement différents de ceux qui sont adoptés aujourd'hui.

Exagération de la compacité dans les machines actuelles. — Dans les machines actuelles à hélice, et principalement dans les machines à bielles en retour, on a poussé jusqu'à l'exagération la condition de ramasser la machine et de la grouper dans le plus petit espace possible.

On est arrivé à des résultats remarquables à ce point de vue;

on a pu grouper des machines à hélice de 1,000 chevaux de puissance nominale sur un espace de 3 à 4 mètres de chaque côté de l'arbre.

Mais aussi que de difficultés on s'est créées pour installer dans de bonnes conditions les mécanismes de transmission, surtout les organes de détente et de changement de marche ! Dans quelle proportion n'augmente-t-on pas les résistances passives par l'adoption de bielles trop courtes, de renvois de mouvement et de mécanismes torturés auxquels, malgré l'habileté incontestable avec laquelle sont traitées ces machines, on est nécessairement conduit?

Sans doute, en groupant ainsi ces machines, en en faisant un tout bien compacte on a pu les mettre à l'abri des déformations, des déplacements qu'il est si nécessaire d'éviter sur mer, avec des machines qui doivent fonctionner sans relâche.

On économise l'emplacement à bord, toujours si précieux, et jusqu'à un certain point, le poids des machines par la moindre étendue des plaques de fondation et des bâtis ; on a des machines bien symétriques et dont le poids est bien réparti par rapport à l'axe du bâtiment. Mais ces avantages eux-mêmes sont, pour la plus grande partie, plus apparents que réels.

L'économie de poids réalisée sur les machines se trouve bien vite compensée par le poids du charbon, que le surcroît de travail occasionné par les résistances oblige à embarquer, et le gain sur l'emplacement de chaque côté de l'arbre est compensé par la place occupée par ce même charbon, dont le prix doit encore venir en ligne de compte.

La rigidité et l'unité des machines peuvent encore être obtenues avec les machines à bielle directe, tout en leur donnant le développement nécessaire, et cette condition se trouve déjà en partie réalisée dans plusieurs types existants, notamment dans le type *Bretagne* et *Creusot*, à bielle directe.

On trouvera, sans doute, dans l'emploi judicieux du fer pour remplacer les trop longs bâtis en fonte, un auxiliaire utile, par le moyen duquel on pourra donner aux machines un excès de solidité, tout en les rendant plus légères.

On ne peut attribuer une grande importance au défaut de symétrie et d'égale répartition des poids par rapport à l'axe longitudinal, car il est toujours facile d'y remédier par une foule de moyens; ce n'est qu'une question d'arrimage.

Il est donc plus avantageux, croyons-nous, puisque la largeur des bâtiments le permet toujours, de prendre dans la largeur tout l'espace nécessaire pour développer suffisamment les organes des machines; on pourra donner aisément aux bielles cinq et souvent six fois le rayon de la manivelle; on aura une machine accessible en toutes ses parties, dont tous les organes seront bien visibles, faciles à entretenir et à visiter.

Application aux machines à roues.

Dans les bateaux à roues, il y aura, dans la généralité des cas, une distance suffisante entre l'axe des roues et le plan de pose, pour que, par suite de la réduction de dimensions des cylindres que permettent les hautes pressions, on puisse adopter le système à bielle directe.

D'ailleurs, à défaut d'un creux suffisant, la disposition à cylindres inclinés permettra de loger aisément les condenseurs dans les bâtis triangulaires, pour lesquels la simplicité de mécanisme des machines à deux cylindres rendra facile l'emploi du fer.

La régularité sera obtenue très-facilement, puisque les roues font déjà l'office de volants, et on augmentera sans inconvénient leur effet, par l'adjonction de couronnes en fonte placées dans la partie la plus rapprochée des paliers.

En somme, la machine à haute pression et à longue détente, à bielle directe et à deux cylindres, est ici, comme pour la machine à hélice, d'une installation très-facile à bord, et offre les mêmes avantages.

Enfin il ne faut pas perdre de vue que, soit dans les bateaux à hélice, soit dans ceux à roues, c'est une mauvaise économie d'exagérer outre mesure la concentration des machines en un petit volume, ce qui tend à accroître l'énergie des actions destructives et occasionne un surcroît de dépense de combustible.

C'est en grande partie à l'application du principe contraire que les machines des grands paquebots américains doivent leurs qualités de solidité de marche régulière et relativement économique, qualités qui peuvent être obtenues avec des machines à deux cylindres, à bielle directe, en leur donnant le développement nécessaire.

En résumé, tant pour les machines à hélices que pour les machines à roues, la machine à deux cylindres conjugués pourra être adoptée d'une manière générale, son installation sera toujours facile : les conditions de régularité, de suppression de la condensation intérieure, de bonne distribution de la vapeur étant remplies, elle réalisera, au point de vue de la simplicité, de la facilité de manœuvre, de graissage et d'entretien, des avantages importants; au point de vue de la consommation de charbon, elle se trouvera dans les conditions qui ont permis d'atteindre les résultats si remarquables que donnent aujourd'hui à terre les types les plus perfectionnés.

CHAPITRE V.

DES CHAUDIÈRES MARINES A HAUTE PRESSION,

Avantages des hautes pressions pour l'appareil évaporatoire.

Nous venons de voir que l'adoption des hautes pressions sur
mer exerce sur l'utilisation de la vapeur et sur les machines
une immense inflence ; de même, au point de vue de la production de la vapeur et de l'établissement des chaudières, elle
va modifier profondément les conditions actuelles.

Objections élevées contre leur emploi. — Les objections qui
se sont élevées contre l'emploi des condenseurs tubulaires ne
viennent pas toutes, ainsi que nous avons déjà eu ocrasion de

le dire, des inconvénients que présentent ces appareils en eux-mêmes.

Nous avons examiné les différentes objections que l'on a faites à l'adoption des hautes pressions; nous avons vu que ces objections n'étaient rien moins que fondées et montré que, à quelque point de vue que l'on compare les basses et les hautes pressions, il y a toujours avantage en faveur de ces dernières.

En ce qui regarde l'appareil évaporatoire, des objections de même nature se sont présentées, et ont contribué, dans une large proportion, à faire considérer comme moins urgent et peu désirable de changer radicalement l'état des choses actuelles.

On a vu, dans la nécessité de renoncer aux formes cubiques des chaudières à basse et à moyenne pression et d'augmenter l'épaisseur des parois, la source d'un accroissement dans le poids et le volume des appareils; d'autre part, la haute température de l'eau dans la chaudière à haute pression les a fait regarder comme moins avantageuses au point de vue de l'économie de combustible.

Si on a contesté la possibilité de réaliser, dans l'utilisation de la vapeur, des progrès importants, on a été plus autorisé encore, en apparence, à le faire pour tout ce qui regarde la production.

Il est donc nécessaire, avant de rechercher les conditions dans lesquelles les chaudières à haute pression doivent être établies, d'examiner ce que sont les chaudières actuelles.

Conditions d'établissement et de production des chaudières actuelles. — Le fait qui frappe tout d'abord dans les chaudières usitées dans la marine, c'est l'insuffisance des surfaces de chauffe; on peut s'en rendre compte par l'examen du tableau suivant, extrait en grande partie du *Dictionnaire de marine à vapeur* par l'amiral Pâris.

NOMS des BATEAUX.	PUISSANCE nominale.	SURFACE DE CHAUFFE			PRODUCTION PAR HEURE		
		totale.	par cheval nominal.	par cheval de 75 km. sur les pistons.	totale.	par mètre carré en vapeur sèche dans les cylindres.	réelle par mètre carré.
Napoléon	960	»	1,409	0,508	»	»	»
Algésiras	900	»	1,470	0,508	»	»	»
Type de Dupuy de Lôme.....	900	1260	1,400	0,584	25956	20,600	25,7
Type du Creusot	600	940	1,56	0,600	18212	19,374	24,40
Redoutable.....	900	1474	1,64	0,454	30724	20,84	26
Bretagne.......	1200	1914	1,76	0,55	40939	19,40	24,40

On voit, à l'inspection de ce tableau, que la surface de chauffe, dans les chaudières marines, est bien inférieure à celle que l'on admet généralement à terre, où la surface de chauffe est, le plus souvent, de 1ᵐ,50 et 1ᵐ,80 par cheval de 75 km. : en prenant pour terme de comparaison le poids de vapeur produite par mètre carré, la production des chaudières marines paraîtra encore bien plus exagérée, puisque les chaudières usitées à terre ne donnent souvent, quand on veut avoir une vaporisation très-économique, que 8 et 10 kilog. par mètre carré.

Il est vrai que les chaudières marines, surtout les chaudières tubulaires, sont établies dans des conditions autres ; les surfaces tubulaires sont plus avantageuses pour la transmission du calorique que des surfaces de tôle épaisse ; mais il est impossible d'admettre que l'on puisse produire économiquement

25 kilog. de vapeur par mètre carré, production qui est souvent de beaucoup dépassée dans les chaudières marines.

Pour pouvoir l'atteindre, il faut donner aux tubes une faible longueur, limitée en général à 2 mètres ; il faut entretenir dans les foyers une combustion active, et produire un tirage énergique, et laisser échapper les gaz dans l'atmosphère à une haute température.

Les résultats des expériences accusent une production de 6 à 7 kilog. de vapeur par kilogramme de houille, quand les chaudières sont bien nettes, en parfait état, et que le combustible est d'excellente qualité ; mais cette production tombe à 5 et même 4 kilog., lorsque les chaudières sont plus ou moins incrustées.

Dans la navigation à vapeur, où l'économie du combustible est si essentielle, il est impossible d'admettre comme terme du progrès un effet utile de 6 kilog. de vapeur par kilogramme de houille, surtout quand, après quelques jours de chauffe, cet effet utile se réduit dans une proportion si considérable.

Difficultés qu'elles soulèvent. — Il n'y a pas à espérer d'améliorer cet état de choses : dans un navire à vapeur quelconque, quelle que soit la nature du service auquel il est destiné, on se trouve toujours, dans l'état actuel de choses, en présence de difficultés insurmontables, pour concilier les conditions de réserver pour la cargaison ou l'armement et les approvisionnements une partie importante du tonnage, et d'attribuer aux machines tout le développement nécessaire à leur bon fonctionnement ; la surface de chauffe, et par suite le poids et l'encombrement des chaudières, sont portés au maximum possible, et il faut admettre que les éléments adoptés dans la marine sont, étant donné l'emploi de l'eau de mer, ceux qui donnent dans l'ensemble les meilleurs résultats, au point de vue de la production de vapeur, de la réduction du prix d'achat, d'entretien, du poids et de l'encombrement des appareils.

Les chaudières marines sont donc actuellement dans de mauvaises conditions, et cela forcément, sans qu'il soit possible d'y apporter d'importantes modifications.

Modifications apportées par l'adoption des hautes pressions. — Par l'emploi de l'eau distillée et l'adoption des hautes pressions, toutes ces circonstances vont se trouver profondément modifiées.

Et d'abord, la vapeur étant mieux utilisée par l'emploi des hautes pressions des longues détentes, il en faudra un poids beaucoup moindre pour obtenir le même effet dynamique. On pourra donc demander à chaque mètre carré de chauffe une production de vapeur moins considérable, tout en diminuant la surface de chauffe totale.

L'effet utile du combustible pourra être accru dans une forte proportion, et les surfaces de chauffe restant toujours parfaitement nettes, cet effet utile restera toujours le même qu'au jour de la mise en service de la chaudière.

On doit arriver, dans les chaudières marines, à produire pratiquement 8 à 9 kilog. de vapeur par kilog. de houille ; ce résultat est fréquemment atteint à terre, et il est inadmissible que sur mer, où l'économie de combustible est si capitale, on n'arrive pas à de tels résultats, en proportionnant convenablement les surfaces de chauffe.

Si les formes cubiques usitées dans la marine offrent un certain avantage au point de vue de la facilité du groupement à bord, les formes cylindriques offrent, en revanche, plus de simplicité ; elles évitent les forêts de tirants dont il faut armer

les chaudières actuelles à parois planes; les incrustations n'é-
tant plus à craindre, on pourra donner aux tubes un diamètre
beaucoup plus petit et les disposer en quinconce; on pourra
donc, dans un espace donné, accumuler une surface de chauffe
beaucoup plus considérable, et réduire de beaucoup le volume
d'eau contenu dans les chaudières. A cela il faut ajouter que,
la vapeur étant produite à une tension très-élevée, les réservoirs de vapeur pourront être comparativement très-réduits;
enfin, si l'on reproche aux chaudières à haute pression la
haute température de l'eau qu'elles contiennent, et qui, pour
les surfaces de chauffe les plus éloignées du foyer, s'oppose à la
transmission de la chaleur, nous verrons que cet inconvénient, dont la gravité a été exagérée, peut être complétement
évité.

Il est donc bien évident que les objections que l'on fait à
l'emploi des hautes pressions ne peuvent s'adresser qu'à une
application de ce principe dans des conditions défavorables;
mais tout démontre, au contraire, que les chaudières à haute
pression doivent, par une application rationnelle de ce système,
réaliser, à tout point de vue, de grands avantages sur les chaudières à basse pression, et qu'elles contribueront puissamment
au progrès dans les appareils à vapeur de navigation.

Choix d'un type de chaudière.

Conditions auxquelles il doit satisfaire. — Les conditions
pratiques auxquelles il faut assujettir les générateurs à haute
pression sont :

1° Donner aux surfaces de chauffe une étendue suffisante
pour que la production de vapeur ne dépasse pas **8** à **10** kilog.
par mètre carré et par heure; donner aux grilles une surface

suffisante, et aux chambres de combustion un volume assez considérable pour arriver à une parfaite combustion.

2° Disposer les surfaces de chauffe de manière à accumuler une grande surface dans un espace réduit et ramener le poids des appareils à son minimum.

3° Disposer les conduits de fumée de manière à obtenir le meilleur tirage possible, en conservant à la fumée, à son issue dans l'asmosphère, la plus faible température possible.

4° Créer, dans les parties où la fumée est déjà refroidie, un excès de température aussi grand que possible entre la fumée et le liquide de la chaudière.

Les chaudières à haute pression étant nécessairement cylindriques, il n'y a à choisir qu'entre deux types, la chaudière horizontale analogue à celle des locomotives et la chaudière verticale.

Préférence à donner aux chaudières verticales. — Sans qu'il soit nécessaire de discuter longuement la question, il est aisé de voir que la dernière présente des avantages considérables.

En effet, au point de vue de l'encombrement, les chaudières verticales occupent dans le sens horizontal très-peu de place, et on pourra donner aux chambres de combustion toute la hauteur désirable, sans augmenter notablement l'encombrement.

On peut augmenter la longueur des tubes autant qu'il est nécessaire pour dépouiller les gaz de leur chaleur, sans s'exposer à découvrir les surfaces de chauffe, par suite des mouvements du navire.

Ces chaudières formant de véritables cheminées, le tirage s'y opérera beaucoup mieux que dans un corps tubulaire horizontal, et la longueur des tubes n'y exercera qu'une faible influence.

Sauf des cas spéciaux, où la sécurité en ordonnerait autrement, la chaudière verticale doit donc être préférée.

Description de la chaudière.

Nous avons représenté fig. 4, pl. II, un type de chaudière verticale. La chaudière se compose d'un foyer A, cylindrique ou carré, surmonté d'un corps cylindrique B, d'un diamètre plus petit et d'un réservoir de vapeur C de même diamètre que le foyer. Le foyer A est formé d'une enveloppe extérieure et d'une boîte à feu entièrement baignée par l'eau.

La grille D est établie dans la partie la plus large, et les parois vont, en s'inclinant en dedans, se raccorder avec la plaque tubulaire E; le fond du cendrier est recouvert d'une couche de briques, afin de le préserver contre la corrosion produite par les cendres et par l'eau employée à l'extinction des feux; des ouvreaux o, o, o, munis de registres placés à l'extérieur, permettent d'introduire de l'air frais, lorsqu'il en est besoin pour produire une combustion complète.

Les tubes sont pris entre la plaque E et la plaque F; ils débouchent à la base de la cheminée G, qui traverse le réservoir C, et qui est rétrécie pour augmenter le volume du réservoir de vapeur. Le niveau de l'eau est tel, que les tubes soient toujours entièrement recouverts par l'eau.

La prise de vapeur se fait par le tuyau circulaire H, percé de fentes sur sa génératrice supérieure. La partie de la cheminée qui traverse le réservoir de vapeur est entourée d'une enveloppe K, qui laisse entre elle et la cheminée un intervalle de 4 à 5 millimètres; cette enveloppe est ouverte par le haut, pour que la vapeur puisse y pénétrer; le tuyau L, placé à la partie inférieure, est destiné à fournir aux enveloppes des cylindres la vapeur qui se trouve ainsi légèrement surchauffée.

L'alimentation s'opère par le tuyau M, qui vient amener l'eau dans la boîte O; cette boîte est cylindrique à sa partie supérieure P, et porte à sa partie inférieure une série de tubes d'une longueur de 1 à 2 mètres, concentriques aux tubes de la chaudière. La partie cylindrique P affleure la plaque tubulaire sur laquelle elle est fixée ; elle porte quelques trous a, a, a, suffisants pour éviter, en cas de non-alimentation, la formation d'une chambre de vapeur. D'après cela, on conçoit que l'eau qui arrive par le tuyau M, ne trouvant pas d'écoulement suffisant à la partie supérieure, est forcée de redescendre par les espaces annulaires compris entre les deux séries de tubes, et reçoit ainsi un échauffement graduel et méthodique.

Enfin, pour réparer les pertes d'eau distillée inévitables, des bouilleurs R, R sont disposés dans l'intervalle des deux enveloppes du foyer ; ils sont droits et cylindriques, de telle sorte qu'on peut facilement les nettoyer ; le tuyau p sert à les alimenter, le tuyau q au dégagement de la vapeur, et le robinet r sert comme robinet de vidange ou d'extraction.

Conditions réalisées. — La chaudière qui vient d'être décrite réalise d'une manière complète les conditions les plus favorables pour la production économique de la vapeur à bord.

Elle permet de disposer de larges surfaces de grille, d'une vaste chambre de combustion ; la combustion s'y effectuera donc parfaitement.

Les tubes, occupant toute la section du corps cylindrique, offriront aux gaz une large section d'écoulement, qui facilitera le tirage que la position verticale des tubes rendra d'autant plus facile.

Comme on peut, sous un faible volume, accumuler une surface de chauffe considérable, on pourra les proportionner largement, et, pour compenser le moindre pouvoir de transmission des surfaces verticales, on pourra allonger les tubes sans nuire au tirage et sans accroître beaucoup le poids et le volume des appareils.

La vapeur des enveloppes sera surchauffée sans complication.

L'alimentation se faisant aux points où les gaz sont déjà refroidis, on aura en ces points une différence de température, entre les gaz et l'intérieur de la chaudière, plus grande qu'à basse pression avec l'alimentation ordinaire, et on pourra utiliser complétement la chaleur produite par le combustible.

On restituera d'une manière simple et commode la quantité d'eau distillée perdue pour les fuites.

Il est aisé de voir que la construction de cette chaudière est des plus simples, et que le métal y est employé dans les conditions les plus avantageuses pour la résistance sous le moindre poids.

Le volume d'eau contenu dans la chaudière sera relativement très-faible, et réduit à celui nécessaire pour entretenir la régularité de la vaporisation.

La durée de la mise en pression sera, par ce fait même, de beaucoup diminuée, en même temps que le poids des appareils, qui contiennent, dans le système actuel, d'énormes charges d'eau.

Enfin il est un point qui a une grande importance, et qui est, dans les bâtiments à vapeur, une source considérable de dépenses et une cause d'interruption de service, c'est le peu de durée des chaudières actuelles.

Cette durée est, en effet, limitée à quatre ou cinq années,

tandis que les chaudières durent, à terre, quinze, vingt ans et même davantage.

La cause de la destruction rapide des générateurs employés sur mer est encore bien obscure ; mais on a observé que les parties qui se détériorent le plus facilement sont, en général, les fonds de cendriers et l'intérieur des coffres à vapeur.

Les tôles sont aussi rongées à l'extérieur par l'humidité des cales et par l'eau tombant du pont, qui vient mouiller, par intervalles, l'extérieur des chaudières.

Plusieurs auteurs attribuent les effets les plus destructeurs à l'effet corrosif de l'eau de mer et au dégagement de l'acide chlorhydrique, qui prendrait naissance par l'action de la chaleur sur le sel marin.

A l'appui de cette opinion, on a observé que les coffres à vapeur sont d'autant plus rapidement corrodés que les incrustations sont plus abondantes.

En raison de l'incertitude qui règne encore sur l'explication de ces faits, il est impossible de définir exactement le rôle de l'eau de mer dans la destruction des générateurs; mais on peut du moins en tirer les conclusions suivantes, qui serviront à nous guider dans l'appréciation des conditions nouvelles des générateurs à haute pression et le choix des moyens à employer pour les préserver d'une manière complétement efficace.

1° Dans les générateurs à haute pression alimentés à l'eau distillée, les effets de corrosion à l'intérieur des chaudières seront totalement supprimés, et il n'y a pas lieu de s'occuper des moyens de préservation.

On a attribué, par contre, un effet destructeur à l'eau douce provenant des condenseurs tubulaires, en raison des sels de cuivre qui viennent se mêler à cette eau et qui exerceraient sur la tôle un effet galvanique. Cet effet, s'il existe d'une manière bien certaine, pourrait, dans tous les cas, être facilement évité en étamant les tubes en cuivre, et il est vraisemblable que, en remplaçant le cuivre par le laiton, les sels de cuivre ne se formeraient pas d'une manière sensible.

Nous croyons même que l'on pourrait, dans le système de condenseur que nous proposons, employer des tubes de fer étamé, car la conductibilité du métal lui-même est toujours suffisante pour effectuer une condensation rapide.

2° Les fonds des cendriers qui sont détruits par l'action de l'eau de mer employée à l'extinction des feux devront être préservés.

On réalisera ce but en recouvrant les fonds des cendriers d'une couche de briques reposant sur la tôle intérieure, ou en plaçant, comme l'ont proposé MM. Jullien et Bataille, une plaque de garde en tôle, facile à remplacer.

Le meilleur moyen serait d'éviter d'éteindre les feux ou les escarbilles avec de l'eau de mer.

3° Les causes de destruction par l'eau qui s'écoule du pont et par l'humidité de la cale existeront avec les générateurs alimentés à l'eau distillée comme dans ceux alimentés à l'eau de mer ; mais il y a une énorme différence entre ces deux cas, au point de vue de l'application des moyens préservatifs.

Enveloppes protectrices. — Dans les chaudières actuelles les surfaces extérieures des chaudières ont un énorme développement.

Cette surface s'élève à 920 mètres carrés pour les chaudières de la *Bretagne*; les chaudières à haute pression, pour machines de même puissance que celles de la *Bretagne*, auront une surface extérieure de 400 mètres seulement.

Les surfaces cylindriques de ces chaudières se prêtent, en

outre, beaucoup mieux à l'application des enveloppes protectrices que les surfaces planes des chaudières actuelles.

Par l'application d'enveloppes bien appropriées, on atteindra un double but, mettre les chaudières à l'abri des causes de corrosion et empêcher le rayonnement de la chaleur.

Avec ces précautions très-simples, mais aussi très-importantes, on assurera, aux chaudières à haute pression alimentées à l'eau distillée, une durée au moins égale à celle des chaudières placées à terre.

Les chaudières verticales n'offriront aucune difficulté d'installation à bord des bâtiments de commerce, et, en raison des avantages spéciaux que nous leur avons reconnus, elles devront être adoptées toutes les fois que des circonstances particulières n'y mettront obstacle. Pour la marine militaire, il se présente, au point de vue de leur installation à bord, des difficultés assez sérieuses, résultant de l'obligation de les maintenir en entier au-dessous de la flottaison.

Cependant, pour les vaisseaux qui atteignent aujourd'hui $7^m,50$ et 8 mètres de tirant d'eau, peut-être pourra-t-on adopter les chaudières verticales, en limitant leur hauteur à 6 mètres. Il faudrait alors, afin de donner aux tubes une longueur suffisante pour la bonne utilisation du combustible, placer le fond des chaudières aussi bas que possible et diminuer la hauteur des réservoirs de vapeur, en disposant, dans l'intervalle des groupes de chaudières au-dessus de la rue de chauffe, des coffres à vapeur additionnels.

Il serait, en outre, essentiel de produire une combustion plus lente, et, à cet effet, d'accroître la surface de grille, d'augmenter la section de passage de la fumée à travers les tubes, afin d'avoir une circulation plus lente de la fumée, et de la dépouiller de sa chaleur aussi complétement que s'il n'y avait aucune limite imposée pour la longueur des tubes.

Si le creux du bâtiment ne permettait pas de donner cette hauteur aux chaudières, il ne serait pas possible d'adopter les chaudières verticales, et il faudrait en revenir au type des chaudières de locomotives plus ou moins modifié, dont les avantages sur les chaudières actuelles sont beaucoup moins frappants, surtout au point de vue de l'espace occupé en projection horizontale.

Elles n'en participeraient pas moins aux avantages généraux que nous avons reconnus pour les appareils évaporatoires à haute pression, qui leur assurent, quel que soit le système adopté, une incontestable supériorité, à tout point de vue, sur le système actuel.

CHAPITRE VI.

ÉTUDE COMPARATIVE
DES PRINCIPAUX ÉLÉMENTS
DES MACHINES A HAUTE PRESSION
ET DES MACHINES ACTUELLES.

Condenseurs tubulaires.

L'appréciation des résultats que doivent donner, en pratique, les condenseurs tubulaires à injection extérieure que nous avons décrits est assez difficile, en l'absence d'expériences bien appliquées au cas des machines à vapeur, sur la transmission, en diverses circonstances, de la chaleur à travers les métaux.

Si l'on s'en rapportait aux expériences de M. Péclet, en admettant un excès de température de 45° pour la vapeur pendant la période de condensation, on arriverait à condenser, par heure et par mètre carré de surface en cuivre de 1 millim. d'épaisseur, le chiffre énorme de 4,800 kilog. : en ne comptant que le tiers du temps total de la course du piston, ce serait encore 1,600 kilog. par heure.

Il est évident qu'en pratique on ne peut compter sur des résultats même voisins de ceux-là, car on ne pourra jamais réaliser les conditions de l'expérience de laquelle les chiffres précédents ont été tirés.

Mais, d'autre part, M. Péclet cite les résultats suivants, constatés par l'expérience :

« A travers une paroi de cuivre de faible épaisseur, en contact avec de l'eau, il se condense par mètre carré et par heure 1ᵏ,39 de vapeur, pour une différence de température de 1°, entre les deux fluides. Cela suppose que la vapeur se trouve mélangée avec un peu d'air, car, dans le cas contraire, le poids du fluide condensé s'élève à 9 kilog. »

Or, en suivant les principes que nous avons indiqués, la vitesse avec laquelle la vapeur sera projetée contre les surfaces viendra neutraliser l'effet de la petite quantité d'air contenue dans le condenseur, quantité qui sera extrêmement faible, en conservant, comme il est nécessaire de le faire, leurs dimensions ordinaires aux pompes à air.

Il faut remarquer, en outre, que, dans les expériences qui ont donné ces résultats, l'eau n'était pas agitée, et que le retard à la condensation, que nous avons constaté comme résultat de la non-conductibilité de l'eau, se manifestait comme dans les condenseurs de Hall.

Pour apprécier l'influence de cette cause dans la pratique, il suffit de rappeler que l'on ne compte que sur 12 kilog. de vapeur condensée à l'heure dans les condenseurs à sec ordinaires, tandis qu'avec les condenseurs à sec américains on en obtient pratiquement 46; encore faut-il remarquer que, dans ces derniers, le liquide refroidissant est incomplétement agité et mal réparti, par suite des mouvements du navire; en effet, au moindre mouvement du navire, l'eau ruisselle le long des tubes, s'écoule le long des plaques tubulaires et ne mouille qu'une partie de la surface tubulaire, surtout dans les rangées de tubes inférieures.

Évitant les effets de la présence de l'air, par l'agitation de la vapeur et l'emploi des pompes à air ayant les dimensions ordinaires, ceux de la non-conductibilité de l'eau par son agitation rapide, on doit regarder le chiffre de 9 kilog. condensés par heure et par mètre carré, pour une différence de température de 1°, comme le minimum admissible pour un condenseur basé sur les principes que nous avons exposés.

Surface par cheval de 75 km. sur les pistons. — En partant de la base qui vient d'être établie, on arriverait aux résultats suivants, pour les surfaces à attribuer à ces appareils.

	INTRODUCTION.	
	0,20.	0,10.
Pression de la vapeur..............................	8 atm.	8 atm.
Température de la vapeur au commencement de l'échappement.............................	114°	94°
Température de la vapeur au tiers de la course du piston.............................	60	60
Température moyenne pendant la période de condensation........................	87	77
Température moyenne de l'eau....................	25	25
Excès moyen de température.....................	62	52
Vapeur condensée par mètre carré pendant le tiers du temps total.......................	186^k	156^k
Vapeur condensée en réduisant de 50 p. 100 pour les pertes........................	93	78
Surface du condenseur par kilogramme à condenser par heure.........................	0^{mc},0104	0^{mc},0128
Poids de vapeur par heure et par cheval de 75 km. sur les pistons.....................	5^k,84	4^k,89
Surface du condenseur par cheval de 75 km. sur les pistons........................	0^{mc},0603	0^{mc},066

L'expérience donnerait, sans doute, des résultats plus avantageux que ceux inscrits au tableau.

A l'appui de ces chiffres, nous n'avons malheureusement à citer qu'une expérience incomplète ; nous la relaterons toutefois, en faisant observer que les résultats qu'elle a fournis ne peuvent donner qu'une approximation imparfaite et qu'ils devraient être contrôlés par des expériences plus complètes.

L'appareil employé était du type représenté fig. 1, pl. I ; la surface tubulaire était de 0^{mc},36, et formée par des tubes en cuivre de 2 millim. d'épaisseur ; cet appareil a été appliqué à une locomobile marchant à 100 tours sous la pression de 3 atm. avec détente à moitié.

La quantité de vapeur condensée a été de 48 kilog. à l'heure ; mais la machine n'ayant pas de pompe à air, il a été impossible de connaître le vide obtenu. La température de l'eau condensée était de 22°, ce qui montre que la pression due à la vapeur devait être très-faible dans le condenseur.

La quantité de vapeur condensée aurait été, d'après cette expérience, de 133 kilog. par heure et par mètre carré de surface, et cela dans des conditions très-défavorables, puisque l'appareil était rempli d'air.

Tout incomplète qu'elle est, cette expérience permet d'affirmer que les résultats inscrits au tableau qui précède doivent être parfaitement admissibles en pratique, et que, s'il y a lieu d'y apporter quelques corrections, c'est dans le sens de la réduction des surfaces de condensation.

En outre, nous avons vu qu'on pouvait établir la communication entre les condenseurs : on utilisera ainsi les surfaces pendant les deux tiers du temps total, tout en effectuant la condensation de chaque cylindrée pendant le tiers de la course du piston.

En partant de ces chiffres, il est aisé de voir que les condenseurs tubulaires ne peuvent pas, dans l'ensemble d'une machine, prendre une importance considérable, soit comme encombrement, soit comme poids.

Application à la Bretagne.—En effet, si l'on applique les chiffres qui précèdent à une machine de même puissance que celle de la *Bretagne,* la surface de condensation s'élève à 230 mètres carrés.

Ce chiffre seul montre évidemment que l'importance relative du condenseur dans l'ensemble de la machine est très-faible, et que la substitution des condenseurs tubulaires de ce système aux condenseurs ordinaires ne donnera, par rapport à ces derniers, qu'un excès de poids négligeable.

La surface étant ainsi réduite, il n'y a plus un grand intérêt à diminuer le volume des appareils en les formant de tubes de très-petit diamètre, ce qui crée, même en supposant le nettoyage possible, une très grave difficulté par la durée de cette opération : on peut donner aux tubes 6 à 8 centimètres de dia mètre, et en réduire le nombre de manière à n'avoir qu'un nettoyage extrêmement rapide.

Le tableau ci-dessous donne les principaux éléments, le volume et le poids des condenseurs d'une machine à haute pression de même puissance que celle de la *Bretagne* :

Surface tubulaire des condenseurs	230^{mq}
Longueur des tubes condenseurs (*laiton*)	1^m,50
Diamètre —	0 ,08
Épaisseur —	0 ,001
Nombre —	610
Nombre des tubes injecteurs de vapeur (*laiton*). ..	61
Nombre des tubes injecteurs de l'eau (*fer*)	610
Longueur —	1^m,50
Diamètre —	0 ,02
Épaisseur —	0 ,002
Poids des tubes condenseurs et injecteurs de vapeur.	2,280^k
— injecteurs de l'eau	1,024
Poids total des tubes	3,304
Épaisseur des enveloppes des condenseurs (*fonte*)...	0^m,02
— des doubles enveloppes (*tôle*).. ...	0 ,008
Poids total des enveloppes	14,000^k
Poids total des condenseurs	18^t
Surface de fonte utilisée pour la condensation	28^m,80

Nous avons déjà fait remarquer que cette surface de fonte, dont nous n'avons pas tenu compte dans le calcul, concourt efficacement pour produire une condensation instantanée.

Faible importance relative du poids des condenseurs. — Si l'on rapproche le poids ci-dessus de celui de 936 **t**, auquel s'élève l'ensemble de l'appareil de la *Bretagne*, on voit qu'il n'en forme qu'une fraction négligeable, moins de 2 p. 100.

Influence des hautes pressions
sur le poids et l'encombrement des appareils.

Il est difficile de définir exactement les modifications que l'adoption des hautes pressions apportera nécessairement dans le poids et l'encombrement des appareils, et il n'est possible d'émettre que des appréciations générales plus ou moins approchées de la vérité.

Nous avons vu, précédemment, qu'en comparant, pour des vitesses de rotation égales, les volumes des cylindres marchant sous une pression de 8 atm., à ceux des cylindres marchant à 2 atm., avec 0,70 d'introduction normale, les rapports étaient de :

0,70 quand l'introduction était fixée à 0,10 ;

0,441 quand l'introduction était fixée à 0,20.

Pour le degré de détente à adopter en marche normale, il y a une distinction à faire entre les bâtiments de la marine militaire et ceux du commerce.

Dans les premiers, la marche à toute puissance, qui correspond à 0,70 d'introduction, est rarement soutenue pendant longtemps : autrement l'approvisionnement de charbon serait toujours insuffisant pour des traversées de quelque durée ; pour la *Bretagne*, par exemple, l'approvisionnement est limité à 590 tonnes, le nombre de jours de chauffe est alors $3^j,91$, et la distance franchissable de 1,139 milles, à raison de $12^n,13$.

Au contraire, en marchant avec la moitié des chaudières, et faisant usage de la détente variable, le nombre de jours de chauffe s'élève à 7,81 et la distance franchissable à 1,805 milles, à raison de $9^n,13$.

Avec les machines à haute pression, il est donc rationnel de prendre 0,20 comme degré d'introduction pour la marche à toute vapeur, et de faire fonctionner la machine en marche ordinaire avec 0,10 d'introduction, c'est-à-dire dans les conditions les plus économiques.

On pourra alors remplacer, pour produire le même travail, les quatre cylindres de 1^m,20 de course et de 1^m,90 de diamètre de la *Bretagne* par deux cylindres de 1^m,20 de course et de 1^m,55 de diamètre : si ces derniers fonctionnaient à la même pression, si le mécanisme était établi sur le même type, il serait rationnel que les poids et les volumes occupés par les machines fussent sensiblement dans le rapport des volumes des cylindres, ce qui donnerait une réduction de près de 60 p 100 pour les machines à haute pression.

Ce rapport ne peut évidemment pas être admis; la haute pression exige que les pièces du mécanisme soient considérablement renforcées, les cylindres doivent être à double enveloppe, et les plaques de fondation doivent aussi être allongées, afin de développer suffisamment le mécanisme : on aura donc, de ce côté, un accroissement de poids important.

Mais, d'autre part, si on compare le mécanisme si simple que nous proposons d'appliquer à ces machines, à celui que les nécessités du groupement dans un petit espace ont amené à adopter pour la *Bretagne*, il est aisé de voir qu'il y aura de ce chef une certaine compensation ; en outre, les formes simples, géométriques de la machine à haute pression permettront de remplacer la fonte par le fer forgé dans beaucoup de parties de la machine.

Substitution du fer à la fonte dans les machines.—Les lourds bâtis en fonte pourraient être remplacés par des longerons en fer forgé, et on gagnerait ainsi à la fois en solidité et en légèreté; rien n'empêche d'étendre l'emploi du fer aux enveloppes extérieures des cylindres, aux bâches et enveloppes des condenseurs.

Par l'application partielle ou totale de ces modifications, au point de vue de la construction, nous avons la conviction que l'on trouverait une large compensation à l'accroissement de dimensions des pièces en mouvement, et qu'en mettant à part les condenseurs tubulaires, le volant et le réservoir d'eau distillée, on arriverait sensiblement à réaliser l'économie de poids et d'encombrement qu'indique le rapport entre le volume des cylindres.

Fixons, toutefois, à 50 p. 100 seulement la réduction obtenue : le poids des machines de la *Bretagne* étant de 446 tonnes, le poids de la machine à haute pression sera de 223^t, soit 280 tonnes, en tenant compte des accessoires ci-dessus énumérés.

Économie de poids. — L'économie de poids sur la machine de la *Bretagne* serait donc de 35 à 40 p. 100.

En rapportant le poids des machines au cheval de 75 km. sur les pistons, on voit qu'il est sensiblement le même pour les machines des autres types que pour celles de la *Bretagne*, ainsi que le montre le tableau suivant, extrait du *Cours pratique des machines à vapeur marines*, de M. de Fréminville.

NOMS DES BATIMENTS.	Bretagne.	Algésiras.	Napoléon.	Impératrice Eugénie.	Souverain.	Donawerth.	Mayenne.
Poids par cheval de 75 km.. sur les pistons..........	k 281	292	481	260	297	311	271

On voit par là que, pour les différents types, le poids par cheval de 75 km. sur les pistons tombe rarement au-dessous de celui du type *Bretagne* et de faibles quantités. En tenant compte des simplifications qui ont pu être apportées dans les types les plus récents, on peut fixer à 25 p. 100 le minimum de l'économie réalisée sur les machines par la haute pression.

En ce qui regarde les chaudières, la comparaison est plus facile à établir.

On peut, en effet, sans erreur sensible, prendre pour terme de comparaison, à égalité de surface de chauffe, les chaudières de locomotives dont le poids s'élève, en moyenne, en y comprenant l'eau, la tuyauterie, la cheminée et les accessoires, à 120 kilog. par mètre carré de surface de chauffe.

Le poids des chaudières à haute pression pour machines de même puissance que celles de la *Bretagne* serait donc de 218 tonnes, soit de 63 kilog. par cheval de 75 km. sur les pistons.

Or, d'après les tableaux publiés par M. de Fréminville, les poids des chaudières complètes, y compris leur eau, sont les suivants :

NOMS DES BATIMENTS.	Bretagne.	Algésiras.	Napoléon.	Impératrice Eugénie.	Souverain.	Donawerth.	Mayenne.
Poids par cheval de 75 km. sur les pistons..........	k 139	160	216	156	152	191	149

D'après ce tableau, l'économie de poids serait toujours de plus de 50 p. 100.

Quant à l'encombrement, nous admettrons qu'il reste le

même pour les machines proprement dites, afin de ménager la possibilité de toujours développer le mécanisme autant qu'il convient pour son bon fonctionnement. Il est évident que pour les chaudières la réduction sera aussi considérable que sur les poids : c'est ce qui résulte évidemment de la plus grande densité des chaudières.

Bâtiments du commerce. — Les bâtiments du commerce sont affectés à des services où il faut généralement franchir un espace donné avec une vitesse donnée dans un temps déterminé; le degré d'introduction est donc fixé à peu près invariablement, et il faut le déterminer de manière à atteindre le maximum d'économie, c'est-à-dire à 0,10 ou au-dessous.

Réduction de poids et d'encombrement. — L'économie de poids sur les machines proprement dites sera donc nécessairement plus faible que dans le cas des bâtiments de guerre, en raison de l'accroissement de volume des cylindres. Toutefois, en suivant les mêmes principes de construction, on arrivera évidemment à rendre les machines beaucoup plus légères, tout en conservant une solidité au moins égale. Pour les chaudières, la réduction de poids sera, au contraire, plus importante que pour les bâtiments de guerre, attendu que rien ne s'opposera à l'emploi des chaudières verticales, dans lesquelles le poids, par mètre carré de surface de chauffe, sera plus faible que dans le type ordinaire des chaudières de locomotives.

Or celles-ci réalisent déjà sur les chaudières actuelles, pour des appareils d'égale puissance, une économie de 50 p. 100. Si donc nous négligeons, afin de pouvoir, au besoin, exagérer la solidité du mécanisme, l'économie sur les machines proprement dites, comme les chaudières et leur eau forment sensiblement la moitié du poids total des appareils, l'économie de poids sur l'ensemble sera, au minimum, de 25 p. 100.

Au point de vue de l'encombrement, nous ferons, pour les machines proprement dites, la même observation que pour celles des bâtiments de guerre ; pour les chaudières qui peuvent toujours être placées verticalement à bord des bâtiments de commerce, la réduction sera considérable.

On peut s'en rendre compte par l'examen des plans comparatifs de deux appareils, l'un établi d'après le système actuel, l'autre d'après le type à haute pression, à deux cylindres conjugués, à bâtis triangulaires, avec chaudières verticales.

Ces appareils sont établis à peu près sur les mêmes données que les transatlantiques projetés pour la ligne du Havre à New-York, c'est-à-dire pour une puissance effective de 3,000 chevaux de 75 km. sur les pistons.

Les machines et chaudières de la fig. 1, pl. III, sont sensiblement dans les conditions adoptées pour l'exécution ; la fig. 2 représente celles par lesquelles on pourrait les remplacer en adoptant la haute pression.

Les éléments principaux seraient pour les chaudières à haute pression :

Surface de chauffe, à raison de 8 kilog. de vapeur au maximum, par mètre carré de surface de chauffe.	1800 mc
Surface de grille à raison de 60 kilog. de charbon brûlé par heure et par mètre carré de grille.	30
Nombre de corps.	8
Nombre de foyers.	8
Surface de chauffe par corps.	225 mc
Côté du foyer { extérieur.	2 m 20
{ intérieur.	2.00
Hauteur du foyer.	2.50
— du corps tubulaire.	5 00
— du réservoir de vapeur.	2.50
Hauteur totale.	10.00

Consommation de combustible des machines à haute pression.

Nous avons déjà indiqué dans quelle proportion la consommation des machines marines pouvait être réduite. En admettant que le chiffre de consommation des machines à haute pression sur mer ne doit pas dépasser 1 kilog. par cheval de 75 km. sur l'arbre, nous n'avons fait qu'appliquer les résultats obtenus à terre, non pas dans des expériences de recette où tout est préparé pour donner les meilleurs résultats possibles, mais dans des expériences faites sur des machines en marche ordinaire.

Ces résultats sont d'une notoriété indiscutable; or, du moment que toutes les conditions qui ont permis d'y arriver peuvent être réalisées sur mer, il est évident qu'elles produiront les mêmes effets, avec cette différence que les machines de mer, généralement très-puissantes, donneront des résultats plus avantageux au point de vue du rendement.

La réduction considérable de poids et d'encombrement à laquelle conduit l'emploi des hautes pressions permet de ne limiter en rien l'emploi de la détente et de la pousser jusqu'au point où elle cesserait de donner un accroissement de travail effectif: pour la même raison, on peut développer largement les surfaces de chauffe, et ne faire produire aux chaudières par mètre carré que 10 ou 8 kilog. et même moins, afin d'obtenir du combustible tout l'effet utile qu'il peut donner pratiquement.

On peut adopter d'une manière générale les enveloppes de vapeur sans craindre de trop augmenter le poids des machines, et, en un mot, reproduire, sans entraves, toutes les condition qui ont permis, à terre, d'atteindre les meilleurs résultats et de réaliser les prévisions de la théorie, prévisions qui ne sont, d'ailleurs, contestables que quand elles sont suivies d'une manière incomplète.

Si l'on cherche à déterminer par le calcul la consommation des machines à haute pression, on arrive aux résultats suivants, qui s'appliquent à la machine à haute pression de même force que celle de la *Bretagne*.

Ces résultats ont été calculés en supposant que l'on adopte pour la marche à toute puissance, soit une introduction de 0,20, soit une introduction de 0,10.

INTRODUCTION EN FRACTIONS de la course des pistons.	0,20.	0,10.
Dépense de vapeur sèche par seconde à toute puissance..............................	k 5,08	k 4,08
Pertes de toute nature évaluées à 15 p. 100..	0,762	0,612
Dépense totale de vapeur par seconde........	5,842	4,692
— — par heure........ ...	21,031 k.	16,807 k.
Dépense de charbon par heure à raison de 8 kilog. de vapeur par kilog. de charbon..	2610 k.	2100 k.
Dépense de charbon par heure et par cheval de 75 km. sur les pistons................	0ᵏ,734	0ᵏ,60

Ces résultats sont à peu près en accord avec ceux qui ont été obtenus à terre; ils n'ont donc rien d'invraisemblable ; ils sont, d'ailleurs, d'autant moins contestables qu'ils ont déjà été à peu près réalisés dans des constructions récentes en Angleterre : les machines de l'aviso français *l'Actif*, construites en Angleterre, n'ont consommé que 0ᵏ,90 par heure et par cheval de 75 km. sur les pistons, et sans nul doute, avec un mécanisme plus simple, les résultats eussent été encore plus favorables.

Cet exemple montre que le chiffre de 0ᵏ,75 et même de 0ᵏ,60 par cheval de 75 km. sur les pistons n'est nullement en désaccord avec l'expérience, en appliquant rigoureusement les précautions auxquelles l'expérience a conduit à terre; il est hors de doute qu'il ne sera pas dépassé, et que dans les conditions les plus favorables il ne sera pas atteint.

Effet utile. — Comme le travail qu'il importe de constater est celui transmis à l'arbre, il y a lieu de se demander si le rendement des machines à haute pression ne peut pas devenir notablement inférieur à celui des machines actuelles.

Il est évident que, d'une part, dans les machines à haute pression, les frottements seront plus énergiques, mais les surfaces frottantes seront beaucoup moins considérables; s'il faut pour chaque machine une pompe à eau qui n'existe pas dans les machines actuelles, le travail des pompes à air est sensiblement diminué, puisqu'il n'y a qu'une quantité d'eau très-faible à extraire du condenseur.

D'ailleurs, le travail des pompes à eau n'est pas aussi considérable qu'il pourrait sembler au premier abord, puisqu'il n'a à vaincre que la colonne d'eau qui sépare le niveau dans la bâche de la flottaison ; en admettant une différence de niveau de 5 mètres, on pourrait, à égalité de travail dépensé, tripler le volume d'eau employé à l'injection dans les machines actuelles.

Dépenses d'entretien et de conduite. — Enfin la simplicité du mécanisme contribuera d'autant mieux à amoindrir les résistances passives que le petit nombre des organes, tous facilement accessibles, permettra de les tenir dans un parfait état de graissage et d'entretien.

En prenant le problème de la navigation maritime dans son ensemble, on reconnaît que la préférence doit être donnée aux machines qui, réalisant le plus parfaitement les conditions que nous avons précédemment examinées, donnent le transport au prix le plus réduit en tenant compte des éléments complexes de prix d'achat et d'entretien, de la consommation du combustible, et du rapport du poids utile au poids mort.

Réalisant toutes les conditions essentielles, la haute pression réduit la consommation de combustible dans une proportion considérable; les appareils deviennent plus légers et moins encombrants, toutes choses qui tendent à accroître la proportion du poids utile au poids mort et à améliorer les conditions économiques des bâtiments à vapeur; restent donc les frais de conduite et d'entretien.

A ce point de vue, il n'existe aucune raison plausible d'un accroissement dans les frais d'entretien des machines proprement dites, et l'on peut admettre que les choses ne sont pas modifiées de ce côté; du côté des chaudières, l'influence des hautes pressions est extrêmement importante.

Pour la conduite des appareils en marche, on peut réduire de plus de moitié le personnel des chauffeurs et soutiers, tout au moins dans le rapport des dépenses de charbon.

Au lieu de changer les chaudières tous les quatre ou cinq ans, ce qui occasionne des frais considérables, tant en raison du prix d'achat et de pose des chaudières que des interruptions de service, on pourra tripler leur durée et réduire dans une très-forte proportion les frais d'entretien inhérents à cette partie des appareils.

CHAPITRE VII.

CONSÉQUENCES GÉNÉRALES
DE L'EMPLOI DES HAUTES PRESSIONS
SUR MER.

<hr>

<hr>

Conséquences des hautes pressions
pour la marine militaire.

Après avoir établi la possibilité d'employer avec sécurité les hautes pressions sur mer, et cherché les conditions de leur application, nous examinerons les conséquences de leur adoption ; et d'abord, quelles modifications doit-il en résulter pour la marine militaire ?

Dans l'état actuel, il n'existe aucun bâtiment à vapeur de la marine militaire qui puisse franchir l'Atlantique à toute vapeur.

Si l'on considère la traversée la plus courte, de Brest à New-York, c'est à grand'peine que quelques-uns, l'*Algésiras* entre autres, pourraient l'effectuer en marchant avec la moitié des chaudières.

Pour toute autre traversée transatlantique, il n'en est aucun qui puisse l'effectuer sans marcher à la voile seule pendant une partie de la traversée et se soumettre, par suite, à tous les hasards que la vapeur a pour but d'éviter; à plus forte raison, quand il s'agit de voyages dans les mers indiennes, les vaisseaux actuels ne peuvent-ils naviguer qu'en faisant de nombreuses escales, et s'alimentant ainsi d'un combustible dont le prix atteint souvent des proportions fabuleuses.

Rendre les vaisseaux capables de traverser l'océan Atlantique suivant les principales directions; diminuer, pour les navigations plus lointaines, le nombre des escales, ce serait donc résoudre un problème d'une haute importance au point de vue de l'art naval et des dépenses considérables qu'entrainent les flottes à vapeur.

Ce problème ne peut être résolu par le perfectionnement des types adoptés aujourd'hui, et qui ont été portés à leur plus haut degré de perfection; il ne peut l'être que par l'adoption des hautes pressions, qui ouvrent une voie nouvelle à la construction des appareils à vapeur de navigation.

Comparaison avec les types actuels. — Pour apprécier toute l'importance de cette transformation, nous comparerons les éléments des appareils à haute pression à ceux qui se rapportent aux machines existantes.

Nous prendrons pour terme de comparaison l'*Algésiras*, qui réalise dans son ensemble les conditions les plus satisfaisantes de vitesse, de distance franchissable et d'économie de charbon.

D'après les bases établies dans le chapitre précédent, on obtient les résultats consignés dans le tableau suivant.

		ALGÉSIRAS.	BATIMENT identique avec machine à haute pression
		T	T
Déplacement total..		5120	5120
Poids bruts.....	de la coque complétement terminée....................	2445	2445
	de l'armement ou du chargement......................	1461	1461
	Machine, parquets et accessoires	271,5	204
	Chaudières....................	330,420	165
Charbon embarqué pour la machine.............		600	845
Puissance en chevaux de 75 km................		2057	2057
Dépense de charbon par heure et par cheval de 75 km...		$1^k,811$	$0^k,75$
Consommation de charbon par 24 heures........		89T,430	37T
A toute puissance	Nombre de jours de chauffe..	6J,70	22J,84
	Distance franchissable en milles.....................	1963M	6768M
Avec moitié des chaudières...	Nombre de jours de chauffe..	13J,40	45J,68
	Distance franchissable.......	3115M	10741M

Conséquences pour la distance franchissable et l'économie du combustible. — Il résulte du tableau qui précède que, par l'adoption des hautes pressions et sans rien changer à leur armement, les vaisseaux pourront effectuer à toute vapeur les plus longues traversées transatlantiques ; en développant la moitié de leur puissance seulement, ils pourront déjà entreprendre des campagnes d'une certaine durée, et effectuer les traversées les plus longues dans les parages de l'Indo-Chine, sans faire escale pour prendre du charbon.

Or l'économie du charbon a déjà une importance capitale quand il est pris dans les ports nationaux à un prix comparativement faible ; mais quelle importance n'acquiert-elle pas quand il faut payer, dans les mers lointaines, le charbon à raison de 60 et 70 fr. la tonne et au delà ?

Possibilité d'accroître momentanément la vitesse. — Les hautes pressions ont encore une autre conséquence qui n'est pas moins importante à un autre point de vue, c'est la possibilité d'accroître considérablement, à un moment donné, la puissance des machines, et par suite la vitesse du navire.

En effet, comme nous l'avons vu, la marche à toute vapeur des machines à haute pression correspondrait à 0,20 d'introduction ; on peut donc augmenter considérablement la puissance des machines et, par suite, leur vitesse à un moment donné.

Ce résultat peut d'autant plus facilement être obtenu que les chaudières sont calculées pour une production normale très-faible ; cette production peut être facilement portée au double pour un travail momentané, qui exige moins impérieusement l'utilisation aussi complète que possible du combustible.

A 0,50 d'introduction, les machines à haute pression appliquées à l'*Algésiras* donneraient une puissance de 3,394 chevaux de 75 km., en supposant la même vitesse de rotation ; mais, comme l'accroissement de vitesse suppose nécessairement un accroissement du nombre de tours dans un temps donné, la puissance serait au moins doublée et dépasserait 4,000 chevaux de 75 kilogrammètres.

Avec une telle puissance, la vitesse étant de 12",55 pour une puissance de 2057 chevaux, on obtiendrait environ 15",75 avec la puissance maximum.

Cette faculté de pouvoir réaliser, à certains moments, ces vitesses exceptionnelles offre évidemment le plus grand intérêt.

Si l'on applique ces considérations aux constructions nouvelles, on arrivera à des conséquences analogues : dans ces constructions, on a pu, par un accroissement considérable des dimensions et du tonnage, accroître les vitesses normales dans une proportion importante ; ainsi le *Magenta* à sa puissance normale atteint facilement 13",50 ; en partant de cette donnée, et supposant que la puissance de la machine soit doublée, la vitesse pourrait être exceptionnellement de près de 17 nœuds, vitesse qu'il serait impossible d'atteindre avec les machines actuelles à moyenne pression.

Il est clair que l'économie réalisée, tant sur le poids des appareils que sur le combustible, peut être répartie de différentes manières ; elle peut être utilisée, soit pour accroître l'armement, soit pour renforcer les coques, soit pour diminuer, à égalité d'armement, les dimensions absolues du bâtiment, soit enfin pour accroître la puissance et atteindre, en conservant à tout autre point de vue, des conditions normales, des vitesses dont on ne peut qu'approcher aujourd'hui, en sacrifiant tout à l'élément vitesse, au détriment de tous les autres.

Conséquences pour les services commerciaux. — Des résultats comparables à ceux qui viennent d'être énoncés pour la marine militaire seront obtenus par l'emploi des hautes pressions dans les services commerciaux.

Nous examinerons les résultats qu'il est possible d'obtenir pour les principaux d'entre eux.

Ligne de New-York. — Prenons pour exemple les services de la compagnie Cunard ; admettons pour hypothèse que l'on ne change pas le tonnage et les dimensions des navires, et que l'on reporte sur la cargaison toute l'économie réalisée sur la machine et l'approvisionnement de combustible.

Les éléments comparés des bâtiments existants, et des mêmes

bâtiments munis de machines à haute pression, seraient (1) :

	CAMBRIA.		AMERICA, EUROPA, CANADA.		ASIA, AFRICA.		ARABIA.	
	Type actuel.	Haute pression.	Type actuel.	Haute pression.	Type actuel.	Haute pression.	Type actuel.	Haute pression.
Consommation de combustible par 24 heures.	T 45	T 21	T 55	T 26	T 75	T 35	T 90	T 42
Approvisionnement total de combustible.......	650	304	750	351	1,000	468	1,200	566
Poids des machines.....	450	338	500	375	650	488	680	510
Poids de la cargaison..	300	758	350	874	400	1,074	400	1,204
Poids de la mâture et objets d'armement....	100	100	110	110	120	120	120	120
Poids de la coque.......	900	900	1,900	1,090	1,200	1,200	1,350	1,350
Déplacement total...	2,400	2,400	2,800	2,800	3,370	3,370	3,750	3,750
Valeur d'achat des navires...............	liv. st. 65,000		liv. st. 90,000		liv. st. 100,000		liv. st. 114,000	
Nombre d'hommes d'équipage...........	90		92		105		105	

Il est facile de voir, d'après la réduction des dépenses de combustible et l'augmentation du tonnage utile, combien les conditions vont se trouver changées au point de vue commercial.

Accroissement du tonnage utile. — Le faible tonnage réservé à la cargaison oblige de porter le taux du fret à un chiffre très-élevé, que les marchandises de valeur, le numéraire et les articles de messagerie seuls peuvent payer, et la quantité bornée de ces marchandises ne permet même pas de profiter en entier du tonnage réservé à la cargaison.

Disposant d'un tonnage utile beaucoup plus élevé, les com-

(1) Les chiffres qui se rapportent aux machines existantes pour ce tableau et le suivant sont extraits du Mémoire de M. Bourgois sur la navigation commerciale de l'Angleterre.

pagnies transatlantiques pourront diminuer le fret et attirer à elles certaines classes de marchandises de moyenne valeur, dont l'abondance compensera bien au delà la réduction du prix du fret, qui sera en même temps plus assuré.

Si, au lieu de 5 livres sterling par tonneau auquel les compagnies sont obligées de porter le fret, on l'abaisse à 2 livres sterling, il est rationnel d'admettre que la quantité de marchandises transportée croîtra dans une grande proportion ; au lieu de 200ᵗ en moyenne par traversée à 5 livres sterling, nous pourrons donc compter sur 800 à 2 livres sterling.

Conséquences pour l'exploitation. — D'après cette hypothèse, nous avons dressé le tableau comparatif des dépenses annuelles dans les deux cas.

COMPAGNIE CUNARD.

	MATÉRIEL ACTUEL.	MATÉRIEL avec machine à haute pression.
Valeur du matériel ci-dessus.........	Liv. st. 734,000	Le capital engagé est supposé le même, bien qu'il y ait à attendre de ce chef des réductions importantes.
Ligne auxiliaire du Havre...........	91,000	
	825,000	
Fonds de roulement.	75,000	
Capital engagé......	900,000	 900,000

DÉPENSES ANNUELLES.		
Assurances...........	5 p. 100 du capital. 45,000	 45,000
Amortissement......	8 p. 100........ 72,400	 72,400
Réparations et entretien............	7 p. 100....... 63,000	5 p. 100.... 45,000
Solde et vivres......	70,000	 70,000
Combustible........	52 voyages à raison de 730 tonneaux par traversée....... 97,500	 45,600
Frais divers........	52,000	52,000
	399,900	 330,000

RECETTES ANNUELLES.		
Subvention.........	173,340	 173,340
Passagers..........	52 voyages avec 80 passagers à raison de 25 liv. st., nourriture déduite, par traversée..... 208,000	 208,000
Fret...........	52 voyages avec 200 tonnes en moyenne à raison de 5 liv. st. par tonne et par traversée..... 104,000	52 voyages avec 800 tonnes de marchandises à raison de 2 liv. st. par tonneau et par traversée 166,400
Total des recettes...	485,340	 547,740
Bénéfices	85,000 ou 9 1/2 p. 100 du capital.	217,740 soit 24 2/10 p. 100.
Différence entre les bénéfices.............		132,040 liv. st.

Que les circonstances commerciales se prêtent à cette modification des tarifs et à un développement aussi considérable du trafic, qu'il soit plus avantageux de réduire les dimensions des navires pour diminuer le prix d'acquisition des navires et des machines et réduire les frais d'exploitation, ce qui précède suffit pour montrer qu'il y a dans la transformation des machines actuelles une source d'économie considérable pour les services commerciaux.

Dans cette appréciation, nous n'avons pas tenu compte d'éléments très-importants, tels que la réduction de personnel qui peut être opérée, et surtout, ce qui est un point capital, la suppression des temps d'arrêt pour le remplacement, le nettoyage et les réparations des chaudières, qui permet de mieux utiliser le matériel.

Nous avons la conviction que, par une organisation bien appropriée des services, l'économie réalisée atteindrait le plus souvent le chiffre des subventions sans lesquelles les compagnies actuelles ne pourraient subsister.

Lignes du Mexique, du Brésil et des Antilles.

Pour les autres lignes transatlantiques des résultats analogues pourraient être obtenus, mais ici ils offrent un caractère plus frappant ; c'est que, en réduisant la consommation de combustible de plus de moitié, le charbon embarqué à bord de ces bâtiments, et qui souvent suffit à peine pour le trajet simple, suffira pour l'aller et le retour.

Au cas où il ne serait pas plus avantageux de charger de la marchandise au lieu de charbon, c'est une économie toute trouvée de toute la valeur du charbon économisé dont le prix s'élève souvent, au Mexique et au Brésil, à 50 et 60 francs la tonne.

En augmentant la force des machines, et conservant la même consommation de combustible, les paquebots pourraient

desservir ces lignes avec la même vitesse que les grands paquebots du Havre à New-York, sans augmenter sensiblement leurs
frais : on peut, en effet, en augmentant la force des machines
dans le rapport des consommations de combustible, passer
d'une vitesse de 10" à une vitesse de 13", et chercher, dans l'é-
conomie du temps et l'élévation du fret que comporte l'augmentation de vitesse, la réalisation des avantages qu'offre le
système à haute pression.

Lignes d'Indo-Chine.

Les mêmes observations s'appliquent aux lignes d'Indo-
Chine.

Ici les vitesses usitées sur la ligne de New-York deviennent,
quoi qu'on fasse, irréalisables, mais on économisera une
énorme quantité d'un combustible d'autant plus précieux que
son prix devient exagéré dans ces parages lointains.

Lignes d'Australie et du Pacifique.

Enfin nous croyons que les services directs à vapeur pour
l'Australie et pour les côtes du Pacifique pourraient être abor-
dés avec succès, avec des navires munis de machines de haute
pression : le tonnage devrait être considérable, sans doute,
mais ne dépasserait pas sensiblement celui adopté aujourd'hui
pour les grands services transatlantiques ou de l'Indo-Chine.

Nous nous bornerons à ces quelques observations que l'habileté commerciale des directeurs des grandes compagnies actuelles saura mettre à profit, le jour prochain, nous l'espérons,
où les hautes pressions appliquées dans les conditions que
nous avons indiquées pourront être adoptées avec sécurité sur
mer, et réaliser des résultats que l'expérience à terre ne permet pas de révoquer en doute.

CHAPITRE VIII.

RÉSUMÉ ET CONCLUSIONS.

Par l'examen des conditions actuelles des machines marines, nous avons pu nous rendre compte de l'insuffisance des améliorations mécaniques.

L'évidence des faits montre que l'avenir de la navigation à vapeur est subordonné à une transformation radicale des machines marines : la comparaison de ces machines avec celles usitées à terre nous a montré et la nécessité et la possibilité de cette transformation.

La question est aujourd'hui bien posée et bien connue ; il faut, pour réaliser la transformation si nécessaire des appareils de navigation, pouvoir employer les hautes pressions dans les conditions où elles ont donné, à terre, des résultats si remarquables.

L'adoption des hautes pressions n'est possible qu'en alimentant les chaudières à l'eau douce ; l'emploi des condenseurs par surfaces est donc nécessaire.

Reprenant la question à son origine, nous avons vu que de nombreux essais ont été tentés jusqu'à ce jour, tous plus ou moins infructueux : toutefois nous avons pu constater que les essais ont presque toujours donné, dans le principe, des résultats plus ou moins satisfaisants, et que les défauts qui les ont fait, jusqu'ici, presque partout rejeter ne se sont manifestés qu'après quelques jours de marche.

En principe, la condensation par surfaces est donc un moyen réalisable, mais il faut remédier aux défauts que la pratique a reconnus : recherchant quels ont été ces défauts, nous avons vu que les principaux étaient le volume et le poids exagérés des appareils, et surtout l'impossibilité de nettoyer ces appareils, et de prévenir ou de détruire les dépôts de graisse ou de sels qui se forment sur les surfaces de condensation, et empêchent, au bout de peu de temps, ces appareils de fonctionner.

Ces défauts peuvent être écartés : par l'agitation de l'eau employée à la condensation, le volume et le poids des condenseurs peuvent être considérablement réduits ; par la disposition des surfaces de condensation en diaphragmes accessibles sur les deux faces, le nettoyage devient facile, et peut être opéré, même en marche, sans arrêt des machines.

Tous les autres inconvénients que l'on a reprochés aux condenseurs tubulaires ne sont que des questions de détail, importantes néanmoins, et nous avons étudié et indiqué les moyens d'y obvier.

La condensation par surfaces, une fois dégagée de ces difficultés d'application, apparaît alors avec tous ses avantages, et l'on peut sans crainte aborder les hautes pressions.

Dans ce nouvel ordre d'idées, il devient rationnel d'adopter sur mer les plus hautes pressions qu'il soit possible de maintenir régulièrement dans les chaudières, 8 atm. au moins ; en y joignant l'application des longues détentes, on pourra réduire à son minimum la consommation de combustible, tout en diminuant le poids et l'encombrement des machines.

L'examen des tentatives faites pour réduire la consommation de combustible a montré que l'on a surtout cherché, en ces derniers temps, la solution du problème dans l'application de machines Woolf à la navigation, et nous avons vu que, si des résultats favorables avaient été obtenus avec ce système, ils sont compensés par de graves inconvénients, et peuvent être obtenus plus facilement et plus complétement par l'emploi des machines à haute pression et à longue détente dans le même cylindre.

En dernière analyse, la machine à deux cylindres conjugués offre la meilleure solution de la question dans son ensemble : par l'emploi de volants d'un poids restreint, faciles à placer à bord, la régularité peut être obtenue de la manière la plus complète, et par l'adoption d'une manière générale des enveloppes de vapeur on peut éviter les effets de la condensation intérieure ; la disposition que nous avons indiquée permet d'obtenir, à cet égard, les résultats les plus complets.

Cette machine peut être ramenée au plus grand degré possible de simplicité, c'est ce que montre l'étude de sa disposition générale : l'appareil de détente que nous avons décrit montre qu'elle peut être adoptée sans complication, et que la vapeur peut être introduite sans abaissement de tension avec les détentes les plus prolongées.

Comme disposition, la machine à bielle directe est applicable dans la plupart des cas : dans les bâtiments à hélice, il est toujours possible d'adopter cette disposition, tout en donnant aux bielles une longueur suffisante ; dans les bâtiments à roues, il n'y a, à ce sujet, aucune difficulté, en donnant, au besoin, aux bâtis une forme triangulaire.

Dans tous les cas, il sera avantageux de ne pas trop restreindre l'espace occupé par les machines, et de ne pas exagérer leur compacité, défaut qui se rencontre à un degré plus ou moins élevé dans les machines actuelles, à hélice surtout.

La réduction dans le volume des cylindres, à laquelle conduit l'adoption des hautes pressions, même avec les détentes les plus prolongées, permettra toujours de développer sans entraves les organes des machines et de réduire à leur minimum les résistances passives.

La vapeur pourra donc être utilisée de la manière la plus avantageuse par l'adoption de la haute pression et des longues détentes; appliquant d'une manière même plus complète les précautions qui ont assuré le succès à terre de ce type, les résultats obtenus seront au moins aussi favorables sur mer, où la puissance même des machines contribuera encore à accroître l'effet utile de la vapeur.

En ce qui regarde les chaudières, elles se rapprocheront du type des locomotives plus ou moins modifié, avec des grilles proportionnées à l'activité du tirage : pour les bâtiments de guerre, les chaudières à corps tubulaire horizontal seront d'un usage souvent forcé par la condition de les placer au-dessous de la flottaison; pour les bâtiments de commerce, on adoptera sans difficulté les chaudières à corps tubulaire vertical, qui présentent, au point de vue du tirage, de l'économie de poids et d'encombrement, de remarquables qualités.

La réduction de poids et d'encombrement produite, en toute hypothèse, par l'adoption de la haute pression permettra de proportionner largement les surfaces de chauffe, l'étendue des grilles, le volume des chambres de combustion, et d'accroître dans une proportion très-importante l'effet utile du combustible.

On obtiendra facilement 8 kilogammes de vapeur par kilogramme de houille, et, en l'absence d'incrustations, cette production se maintiendra toujours constante et uniforme.

Ces principes posés, nous avons cherché à apprécier l'importance des modifications apportées par les hautes pressions.

La faible surface à laquelle on peut réduire les condenseurs tubulaires rend l'importance du poids et du volume de ces appareils très-faible dans l'ensemble d'une machine.

Le volume des cylindres à haute pression étant beaucoup moindre que dans les appareils actuels, malgré l'adoption des détentes prolongées, la haute pression donnera une économie notable sur le poids et le volume des appareils; la réduction de poids pourra surtout être considérable, en substituant le fer à la fonte dans beaucoup de parties des machines, ce que permettra la simplicité des types à cylindres conjugués et à bielle directe.

Pour les machines à hélice, surtout dans la marine militaire, on pourra prendre 0,20 comme introduction normale, et la réduction de poids sera considérable, souvent de près de moitié, et ne semble pas devoir être inférieure à 25 p. 100, en la rapportant aux types actuels les plus légers.

Pour les machines à roues des bâtiments de commerce principalement, il faudra adopter, en général, une introduction normale de 0,10, et l'économie de poids sera relativement moindre; elle sera néanmoins considérable par rapport aux machines à balancier encore usitées, et nous croyons qu'elle atteindra, en moyenne, 20 à 25 p. 100.

Quant à l'encombrement, adoptant ce principe de ne pas ménager à l'excès l'espace occupé par les machines, on peut admettre que le volume occupé sera le même que dans les machines actuelles, avec cette différence que les machines à haute pression tiendront largement dans l'espace où les machines actuelles sont à l'étroit.

Pour les chaudières, on réalisera, au contraire, une économie considérable sur l'encombrement.

En raison de la meilleure utilisation de la vapeur et de sa production plus économique, on réduira la dépense de combustible à $0^k,75$ au maximum par cheval de 75 km. sur les pistons, et on peut considérer comme certain que ce type, traité avec toute l'habileté déployée dans la construction des machines actuelles, arrivera à n'occasionner qu'une dépense de $0^k,60$ de houille par cheval de 75 km. sur les pistons.

On peut d'autant moins douter de la possibilité de ce résultat que l'on a déjà réduit sur mer la dépense pour le même travail à $0^k,90$ et même à $0^k,80$, avec des machines qui sont loin d'être le dernier terme du progrès.

Abordant à un point de vue général les conséquences de l'adoption des hautes pressions, nous avons montré que là était, en ce qui regarde la marine militaire, la solution de questions aujourd'hui insolubles.

La haute pression produira d'abord une économie directe, importante sur le budget de la marine ; elle permettra aux vaisseaux de franchir à toute vapeur l'Atlantique suivant les principales lignes navigables ; en marchant à moitié de la puissance, ils pourront facilement faire des campagnes de quelque durée, et emporter leur charbon de retour pour certaines expéditions lointaines.

Pour celles dont la durée excéderait la limite des approvisionnements, le nombre des escales pour faire du charbon serait considérablement réduit, et l'économie réalisée d'autant plus importante que le charbon atteint souvent des prix exorbitants.

Il est évident, en outre, qu'au point de vue général les problèmes qui se présentent pour chaque navire mis en chantier sont grandement simplifiés, et que la haute pression laisse beaucoup plus de latitude pour combiner entre eux, suivant la destination des bâtiments, les éléments vitesse, armements, moyens défensifs, etc.

Enfin la possibilité d'accroître momentanément la vitesse du navire d'une manière très-importante offrira une ressource précieuse pour la stratégie navale.

Au point de vue commercial, les conséquences ne sont pas moins importantes.

Sur la ligne de New-York, on pourra augmenter dans une grande proportion le tonnage utile et accroître les sources de profit, tout en réduisant le fret à un taux qui le rendra abordable à beaucoup de marchandises qui ne peuvent profiter aujourd'hui de la célérité et de la régularité que leur offrent ces grands services.

D'ailleurs, que l'on profite des avantages de la haute pression par ce moyen ou par la réduction du tonnage et de tous les éléments qui en sont la conséquence, il en résultera toujours une économie considérable comparable aux chiffres de subventions qui sont nécessaires pour soutenir ces services.

Pour les grandes lignes de navigation du Mexique, du Brésil, des Antilles et de l'Indo-Chine, on obtiendrait des résultats analogues : par la haute pression, on peut espérer d'arriver, au moyen de bâtiments d'un tonnage qui n'offrirait rien d'exagéré, à la solution du problème de la navigation directe à vapeur de l'Australie et du Pacifique.

Enfin l'économie réalisée par les hautes pressions permettra d'appliquer la vapeur dans des conditions inabordables aujourd'hui : la navigation à vapeur pourra vivre de sa propre vie, sans être obligée d'attendre des subventions qui ne peuvent être accordées que pour un petit nombre de services spéciaux.

Avec des frais ainsi réduits, les avantages de célérité, de régularité dans les opérations commerciales amèneront nécessairement la substitution de la navigation à vapeur à la navigation à voiles dans une proportion impossible à atteindre aujourd'hui.

La haute pression offre donc à la fois, au point de vue militaire, la solution de problèmes aujourd'hui insolubles; au point de vue commercial, elle est la base du développement et de la généralisation de la navigation à vapeur.

FIN.

TABLE.

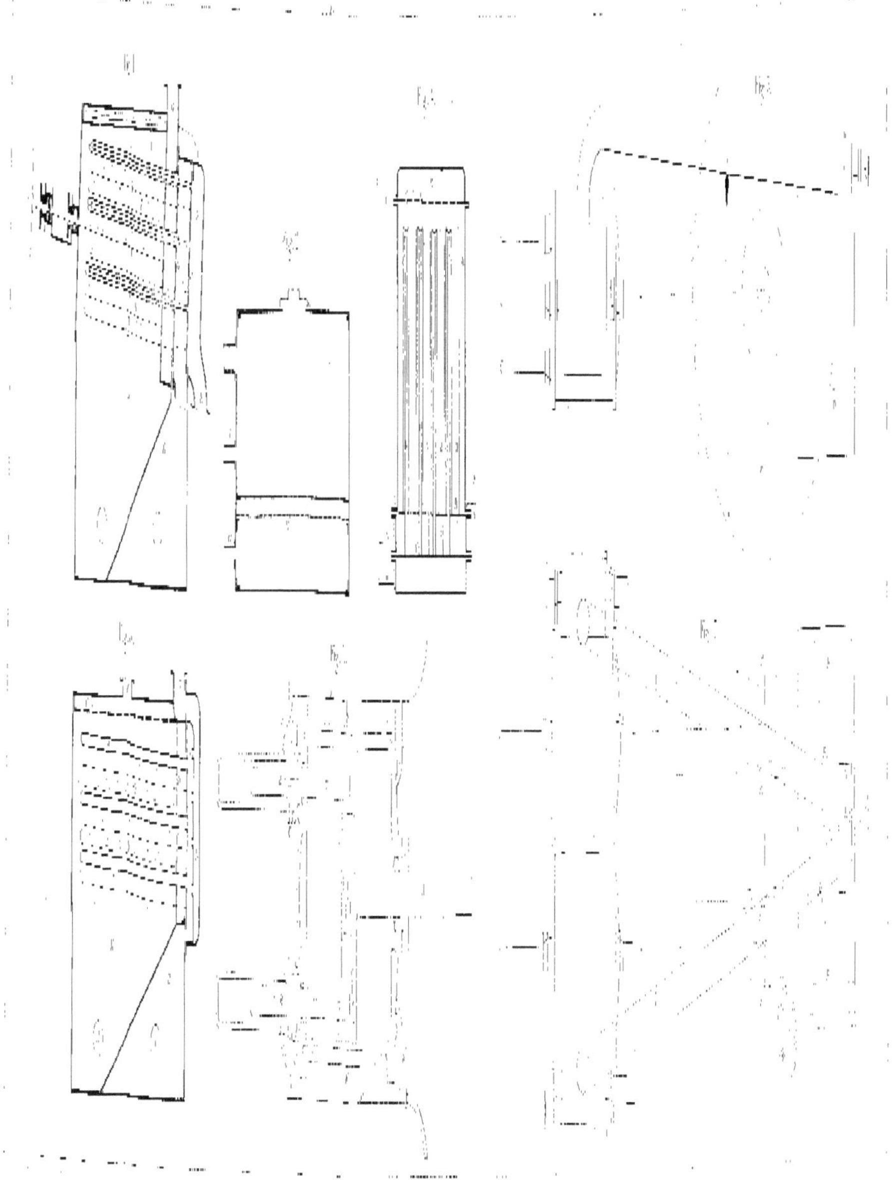

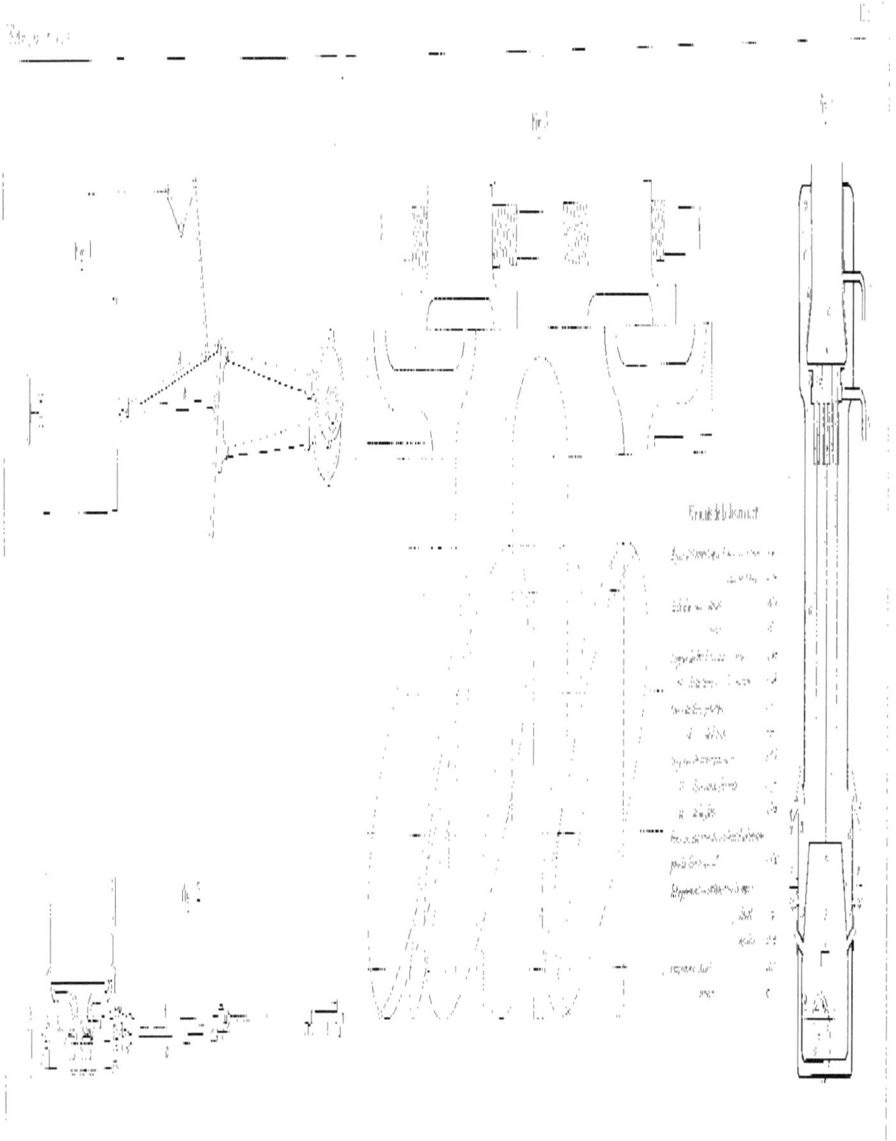

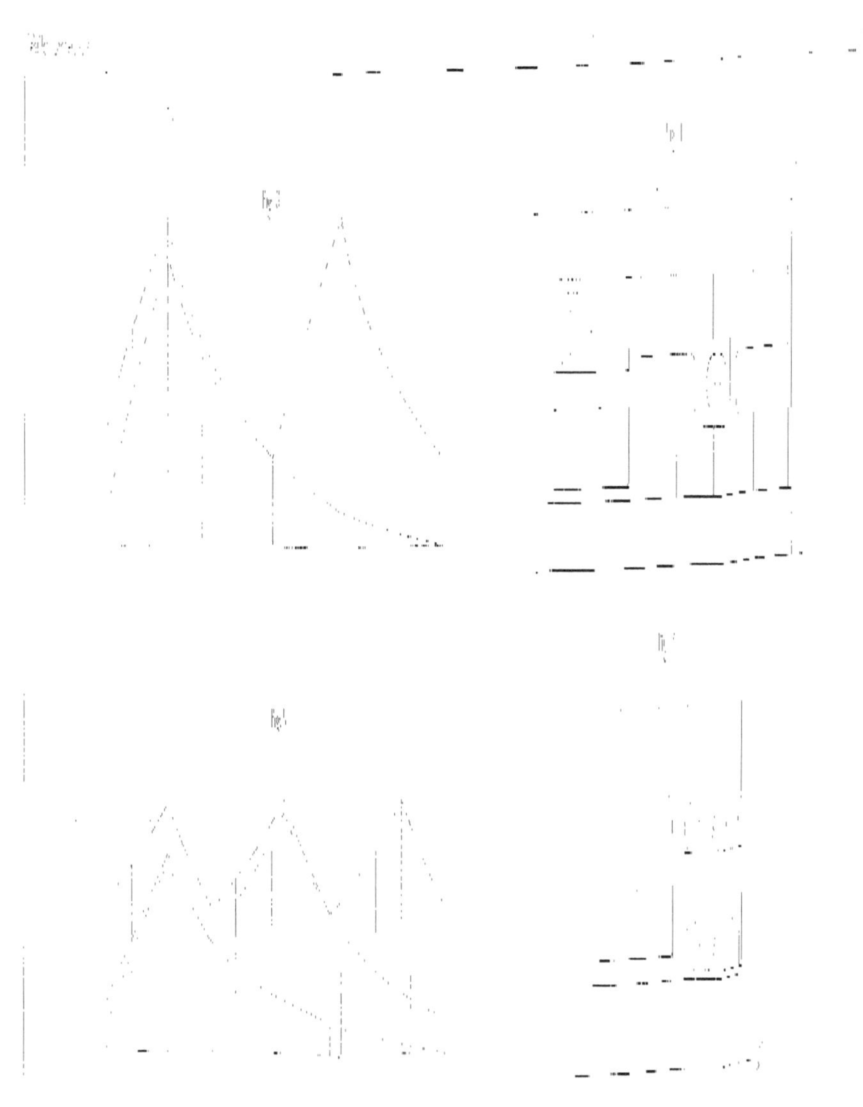

DE FRÉMINVILLE, ingénieur de la marine, professeur à l'école du génie maritime.— **COURS PRATIQUE DE MACHINES A VAPEUR MARINES,** professé à l'école d'application du génie maritime. 1 très-fort vol. grand in-8°, avec figures dans le texte, accompagné d'un atlas renfermant 100 planches.   55 fr.

> L'atlas se compose de 90 planches gravées, grand in-folio, représentant l'ensemble des machines et tous leurs détails, avec les cotes exactes à chaque pièce, et 8 grands tableaux numériques de comparaison, donnant la dimension juste et précise de chaque pièce. Pour chacune d'elles, l'auteur a établi la charge par centimètre carré qu'elle supporte d'un fonctionnement régulier. Ce travail, de la plus grande utilité, n'avait jamais été publié jusqu'à présent.

DELACOUR, ingénieur de la marine et directeur des constructions navales des messageries impériales. — **ÉTUDE SUR LES MACHINES A VAPEUR MARINES ET LEURS PERFECTIONNEMENTS,** surchauffe de vapeur, grandes détentes, condensation par surfaces, haute pression, etc., brochure in-8 avec figures.   2 fr.

DU TEMPLE, capitaine de frégate, directeur de l'école des mécaniciens, à Brest. — **COURS COMPLET DE MACHINES A VAPEUR MARINES** fait, à Brest, aux mécaniciens de la marine. 2 vol. gr. in-8° accompagnés de 2 atlas renfermant 36 planches gravées.   21 fr.

PARIS, contre-amiral, membre de l'Institut (Académie des sciences). **L'ART NAVAL EN** 1862, état actuel de la marine, 1 vol. in-4 accompagné d'un bel atlas renfermant 21 planches in-folio gravées.   20 fr.

> Navires cuirassés. — Blindages. — Construction. — Tactique de combat. — Paquebots. — Embarcations, voilures et détails divers. — Machines marines. — Propulseurs. — Artillerie nouvelle.

— **DICTIONNAIRE DE MARINE A VAPEUR,** *seconde édition* augmentée et complétement refondue ; un vol. grand in-8 papier jésus, accompagné de 17 planches gravées.   22 fr.

> Propriétés physiques de la chaleur et de la vapeur, tables.—Nature et propriété des métaux, tables.— Combustibles, leur qualité, leur emploi.— Description des machines à vapeur.— Détail de toutes leurs pièces.—Chaudières, foyers, cheminées, chauffage. — Outils divers pour les machines. — Fonderies, forges, tour, ajustage. — Confection et montage des machines.— Conduite, dressage et entretien des machines. — Propulseurs, hélices, roues à aubes. — Navires à vapeur, mixte et en fer. — Navigation par la vapeur. — Machines à vapeur combinées. — Machines à air chaud.—Notices historiques sur les principaux inventeurs. — Vocabulaire anglais-français des termes principaux de la marine à vapeur.

— **CATÉCHISME DU MARIN ET DU MÉCANICIEN A VAPEUR,** ou traité des machines à vapeur marines, de leur montage, de leur conduite, de la réparation de leurs avaries ; 2e édition augmentée de la manœuvre des navires à roues à aubes ou à hélice, et d'une grande table alphabétique de tous les articles, avec renvoi aux numéros où ils sont traités. In-8 grand raisin avec de nombreuses figures dans le texte.   16 fr.

— **TRAITÉ DE L'HÉLICE PROPULSIVE.** 1 vol. in-8 jésus de 580 pages, avec 9 grands tableaux et figures dans le texte, suivi d'une table alphabétique de tous les articles, avec renvoi aux numéros où ils sont traités, accompagné de 16 grandes planches gravées.   22 fr.

Ouvrage publié sous les auspices de S. Exc. M. le Ministre de la marine.

PARIS. — IMPRIMERIE DE Mme Ve BOUCHARD-HUZARD, RUE DE L'ÉPERON, 5.